U0640963

名人传

项 羽
悲剧英雄

林佩欣 著　　李建 绘

人民文学出版社

PEOPLE'S LITERATURE PUBLISHING HOUSE

著作权合同登记:图字 01－2023－2540 号

ⓒ三民书局股份有限公司

本著作中文简体字版由三民书局股份有限公司授权上海九久读书人文化实业有限公司
与人民文学出版社在中国大陆(台湾、香港、澳门地区除外)独家出版。

图书在版编目(CIP)数据

项羽:悲剧英雄/林佩欣著;李建绘. —北
京:人民文学出版社,2018(2024.11 重印)
(名人传)
ISBN 978-7-02-014296-5

Ⅰ. ①项… Ⅱ. ①林… ②李… Ⅲ. ①项羽(前 232—
前 202)-传记 Ⅳ. ①K827＝33

中国版本图书馆 CIP 数据核字(2018)第 103894 号

责任编辑　卜艳冰　　吕昱雯
装帧设计　汪佳诗

出版发行　人民文学出版社
社　　址　北京市朝内大街 166 号
邮政编码　100705
印　　制　山东新华印务有限公司
经　　销　全国新华书店等
字　　数　54 千字
开　　本　890 毫米×1240 毫米　1/32
印　　张　3.75
版　　次　2018 年 8 月北京第 1 版
印　　次　2024 年 11 月第 3 次印刷
书　　号　978-7-02-014296-5
定　　价　35.00 元

如有印装质量问题,请与本社图书销售中心调换。电话:010－65233595

序

不论世界如何演变，科技如何发达，但凡养成了阅读习惯，这将是一生中享用不尽的财富。

三民书局的刘振强董事长，想必也是一位深信读书是人生最大财富的人，在读书人数往下滑落的多元化时代，他仍然坚信读书的重要性。刘董事长也时常感念，在他困苦贫穷的青少年时期，是书使他坚强向上；在社会普遍困苦、生活简陋的年代，也是书成了他最好的良伴。他希望在他的有生之年，分享这份资产，让其他读者可以充分使用。

"名人传"系列规划出版有关文学、艺术、人文、政治与科学等各行各业有贡献的人物故事，邀请各领域专业的学者、作家同心协力编写，费时多年，分梯次出版。在越来越多元化的世界中，每个人都有各自的才华与潜力，每个朝代也都有其可歌可泣的故事，但是在故事背后所具有的一个共同点，就是每个传记主人公在困苦中不屈不挠的经历，这些经历经由各位作者用心查阅有关资料，再三推敲求证，再以文学之笔，写出了有趣而感人的故事。

西谚有云：世界因有各式各样不同的人，才更加多彩多姿。这套书就是以"人"的故事为主旨，不刻意美化主人公，以他们的生活经历为主轴，深入描写他们成长的环境、家庭教育与童年生活，深入探索是什么因素造成了他们的与众不同，是什么力量驱动了他们锲而不舍地前行。以日常生活中的小故事来描写出这些人为什么能使梦想成真，尤其在阅读这些作品时，能于心领神会中得到灵感。

和一般从外文翻译出来的伟人传记所不同的是，此套书的特色是由熟悉文学的作者用心收集资料，将知识融入有趣的故事，并以文学之笔，深入浅出写出适合大多数人阅读的人物传记。在探讨每位人物的内在心理因素之余，也希望读者从阅读中激励出个人内在的潜力和梦想。我相信每个人都会发呆做梦，当你发呆和做梦的同时，书是你最私密的好友。在阅读中，没有批判和讥讽，却可随书中的主人公海阔天空一起遨游，或狂想或计划，而成为心灵

知交。不仅留下从阅读中得到的神交良伴（一个回忆），如果能家人共读，读后一起讨论，绵绵相传，留下共同回忆，何尝不是一派幸福的场景！

　　谨以此套"名人传"丛书送给所有爱读书的人。你们都是世界上最幸福的人，因为一直有书为伴，与爱同行。

目 录

名人传

项　羽

前232—前202

1. 霸王出生

　　项羽名籍，字羽，公元前 232 年出生于下相，后人习惯称他为项羽。项羽出身自战国时期一个权势显赫的家族，项家是楚国的贵族，跟楚国的王室有血缘关系，楚国国君将他们封在"项"这个地方，从此之后他们就遵循当时的风俗，以封地"项"为姓。项家的人世世代代都是楚国的高级将领，担负着守护楚国疆土的重责大任，当楚国与秦国做殊死战，面临亡国危机的时候也不例外，项家人为楚国一直奋战到了最后一刻。

　　项羽的祖父叫作项燕，是捍卫楚国的最后一位名将，在历史上也很有名气。当项羽出生后，某一天，项燕抱着他的小孙子，突然惊奇地发现，小孙子的一只眼睛居然有两个瞳孔，这可是不平凡的面相呢！如果用算命先生的话来讲，拥有双瞳孔的人一定不是凡人。传说远古时代的舜帝就是"重瞳子"，一只眼睛同样有两个瞳孔。项燕当时心里想，难道他的孙子将来也会跟舜帝一样治理天下，为楚国、为项家赢得名望吗？

当时的楚国正处于危急存亡的时刻，项燕似乎已经看到了楚国未来的结局与项家的命运。经过一番思考之后，项燕决定将孙子的名字取为"籍"，希望他长大之后不负家人对他的期望，不论何时何地都能够保有祖先的气节，彰显项家的荣耀。他还为孙子取了一个相当帅气的字"羽"，希望他的孙子能够如虎添翼，一飞冲天飞黄腾达。后来的人习惯称他为项羽。

项羽三四岁的时候，楚国的形势每况愈下，对秦国的威胁一点招架能力也没有，项燕为了保住项家的香火，于是派最小的儿子项梁带着刚懂事的小孙子项羽到外面去避难，叔侄两人于是到会稽山学习武艺。

自商鞅实施变法，秦国在政治、经济上全面改革，国家越来越强大。秦国在变法富强之后，积极地对外侵略，东方六个国家都受到无比大的威胁。东周人苏秦就提倡东方六国联合对抗秦国的策略，但是这些国家彼此都有扩张领土的野心，不能够同心协力对抗秦国，所谓的合作实际上只是一个空架子，遇到秦兵的反击就迅速瓦解。在秦国的威胁之下，六国的局势越来越艰难，曾经有过辉煌历史的楚国也不例外。

公元前225年，秦国的将领李信率领二十万大军进攻楚国，项燕率领楚军大破秦兵，斩杀七位秦国的将领，秦军几乎全军覆没。秦王嬴政听到秦军战败的消息，火冒三丈。隔年又继续派将领王翦率领六十万大军进攻，王翦采取坚守不出的战术，趁项燕防备松懈的时候偷袭，楚国因此吃了败仗。王翦攻下楚国的首都寿春，俘虏楚王负刍，项燕败退至长江以南。后来，王翦制造战船渡江追击楚国剩余的军队，项燕在那场战役中为国捐躯，楚国也在公元前223年被秦国消灭。秦国灭掉楚国不久，又灭掉燕国和赵国，终于在公元前221年，灭掉齐国统一天下，建立了中国历史上第一个中央集权的帝国。

项家人在这场亡国的战役中付出相当惨重的代价，老将项燕为国捐躯，族人尸横遍野、血流成河。当项梁带着侄子项羽回家乡探望亲人的时候，只见到死状凄惨的亲人和残破不堪的家园。当时项梁痛心地跪在院子里，拉着侄子项羽对天发誓："只要项家人的命脉没有断绝，我们叔侄还活在世上一天，我们就一定会报仇雪恨！"那年项羽只有八岁，从此之后跟着叔叔项梁到处漂泊，四海为家，他的人生信条就是为楚国报仇雪恨，告慰祖父项燕的在天之灵。

就这样，项梁带着小项羽到处流浪，打零工维持生活。项梁把项家的希望放在小项羽身上，希望小项羽能够认真学习，为项家争一口气，因此他有空的时候，就会教小项羽读书写字。但是小项羽好像对读书兴致缺乏，不管项梁怎样说破嘴皮、费尽心思，都好像对牛弹琴一样，项羽总是一点反应也没有，学了一年多大字还是不认得几个，简直把项梁给气坏了。

项梁见小项羽学文的不成，干脆弃文从武，改教他剑术，没想到小项羽还是没有好好学，气得项梁把他打了一顿，直骂小项羽不争气、没出息。没想到小项羽居然跟叔叔顶嘴，争辩说："看书识字学再多有什么用？只要会记个姓名就可以了。学习剑术又能怎么样？最多对付一两个

人而已。如果您要教，就教我一些能够抵挡千军万马的真本事吧！"项梁听了大吃一惊，他从没想过项羽原来有这样大的志向，心想以前真的是错怪他了。于是，项梁开始教小项羽学习兵法，跟他讲解带领军队的技巧。这一次小项羽总算表现出浓厚的兴趣，很快掌握了兵法的基本要领。可惜的是，项羽没什么耐性，学到一些皮毛之后，就不肯再继续深入钻研了。

就这样，项梁带着小项羽到处闯荡江湖，每到一个地方就跟当地的豪士乡绅交朋友，半路遇到不公不义的事情还会拔刀相助。后来，项梁不小心杀了人，为了逃避官府的通缉，他带着小项羽逃到吴中避风头。

来到吴中之后，项梁叔侄继续扩大自己的交友圈，接触每个领域的奇人异士，结交当地的豪杰。因为项梁叔侄为人相当慷慨、讲义气，而且不怕地方上的恶势力，很快就变成当地最有威望的人物。每当地方上有重要的事情，比如婚丧喜庆或是其他的大型活动时，都会邀请项梁去主持。项梁几乎每个场合都会参加，运用兵法知识指挥大家处理事情，然后暗中观察大家的能力，把每个人的才能记在心里。因为项梁把事情安排得有条有理，逐渐建立了威信。这些年，小项羽也跟着叔父到处东奔西跑，走遍吴中的大街小巷，开阔了视野，增长了许多见识，学会了很多本领。项羽长大之后，身材相当高大，有八尺多，换算成现在的单位，大概是接近二米，而且体格相当魁梧。项羽的力气很大，双手能够举起笨重的大鼎，为人相当的有气魄和才干，因此，吴中的年轻人都很佩服项羽，对他毕恭毕敬。

公元前210年，秦始皇东巡到会稽郡，巡视的阵容声势相当浩大，当出巡的队伍经过钱塘江的时候，很多百姓都跑来观看，项梁和项羽叔侄两人也挤在人群里。项羽看到秦始皇威风的样子，情不自禁地说："我可以取代他！"话都还没说完呢，项梁就急急忙忙把他拉到一边，要他闭嘴不要乱说话，怕他惹来杀身之祸。从那天开始，项梁对项羽刮目相看，心里想项羽年纪轻轻就胸怀大志，将来一定不会是个普通的人物。

秦始皇与儿子胡亥巡游天下，没想到在半路上生了病，死在沙丘。临终前秦始皇留下诏书，要将王位传给大

儿子扶苏，这个遗诏掌管在宦官赵高手中。跟着秦始皇巡游天下的丞相李斯，担心秦始皇半路驾崩的消息传出去，会惹来什么变故，所以决定等到巡游的车队回到咸阳后才公布这个消息。李斯把秦始皇的遗体放在可以调节温度的车子里，就跟秦始皇还活着一样侍奉他饮食，文武百官照常在车子前面向他报告国家大事。李斯战战兢兢、小心翼翼，就怕露了馅。当时正是 7 月，天气很热，不久车子里开始飘出尸臭味。为了掩盖这股味道，他们又在随扈的车子里装进成堆成袋的咸鱼，想要用咸鱼的臭味来掩盖秦始皇的尸臭味。秦始皇死后无法及时入土为安，这个一代暴君的下场相当凄凉。

赵高和李斯为了自己的野心，想出计策让秦始皇的长子扶苏自杀，由另一位王子胡亥登基成为秦二世。

新继位的秦二世更加昏庸和残暴，并杀害了其他的兄弟姐妹和不服从他的大臣。赵高后来害死李斯，政治的大权落到他的手上。赵高建议秦二世要实施更严格的法律和更残酷的刑罚，胡亥听从赵高的建议，不顾百姓的死活，继续大兴土木推动工程，动用数十万人修建阿房宫。为了稳固政权，秦二世还下令征调壮丁防守国都咸阳跟其他边陲地方。秦朝的政治越来越黑暗，人民的生活越来越痛苦，终于酿成了陈胜和吴广这第一股的反秦势力。

2. 举兵反秦

公元前 209 年 7 月，陈胜和吴广两人奉命带领九百多人到渔阳防卫，没想到半路走到蕲县大泽乡的时候，连下了好几天的雨，雨下得又大又急，耽误了他们到渔阳报到的时间。根据秦朝的法律，如果没有准时到地方防守的话，是要被处死的。反正伸头一刀，缩头也是一刀，陈胜和吴广两人干脆一不做二不休，领导其他人起来造反。

人民期待反秦的行动已经很久了，这把造反的大火开始猛烧，各地的英雄豪杰纷纷响应，他们推举陈胜为义军的首领，在陈县建立政权，国号为"张楚"。就像是野火燎原一样，反秦的烈火立刻在整个中原蔓延。那一年 9 月，项梁和项羽叔侄二人也在吴中起兵，加入声讨秦朝的行列，他们的信念就是要复兴楚国，告慰战死的项家人。

当时，会稽郡有个郡守叫作殷通，他看到秦国的政权摇摇欲坠，自己的官位难保，也想要反叛朝廷，但是他又不愿承担乱臣贼子的罪名，于是想出一个自以为万全的计策。项梁在吴中一带名气响亮，殷通派人去找项梁和项羽，想要拿他们两人当挡箭牌，让他们出面召集百姓反秦，利用项梁的声望和力量让会稽人服从他，自己在后面舒服地指挥就好。

殷通对项梁推心置腹，可是项梁看出殷通这个人一肚子坏水，始终对他怀有戒心。

殷通对项梁说："我们这些人拿朝廷的薪水，替皇帝治理天下，如果起来反叛政府，实在是不合情理啊！我听说你家代代都是楚国的大将，德高望重，一定很有号召力，现在起兵反秦，匡复楚国，一定非你不可！"项梁听了之后在心里冷笑，表面上还是不动声色地说："郡守大人言重了，我只是乡野草民，见识短浅，不够担当这个重责大任，如果郡守大人真的有诚意的话，我倒是有个好主意。"

殷通一听非常高兴，连忙要项梁继续说下去。项梁接着说："我们吴中最有名的壮士就是桓楚了，但是这个人犯了法，为了躲避官府的追捕，现在不知道藏到哪里去了，只有项羽知道他的去处，我去问问他。"说完，项梁走到屋外跟项羽暗中商量，要他拿着剑在外面等候，见机行事。然后，项梁又回到屋内告诉殷通说："项羽果然知道桓楚在哪里，还是把项羽叫进来问个清楚吧！"殷通哪里知道这是项梁的计谋，高兴得连忙把项羽叫进屋内。项羽一进屋，项梁就对他使了个眼色，叫了一声："动手！"话还没说完呢，项羽就拔出宝剑，把殷通给杀死了。

项梁提着殷通的人头，把郡守的印信挂在身上，走了出去。发生了这种事情，官府里的人都吓呆了，过一会儿才回过神来，打算仗着人多势众捉拿项梁和项羽。项羽十分英勇，一连杀了近百人，其余的人都吓得跪在地上不敢起来。这时候，项梁召集他认识的英雄豪杰和官吏，告诉他们准备起兵的事情，并且豪气万千地说："既然要起兵，就要来真的！如果让殷通这种小人当领袖的话是不会成功的。"其他人听了也觉得很有道理，连忙点头称是。项梁成功地说服大家之后，自己当了会稽郡的郡守，还派人到附近去招兵买马，很快召集到精兵八千人。项梁迅速地占

领了吴中各县，扩大了自己的势力，当时项羽才二十四岁，就被项梁任命为副将，威风十足。

同一时间，陈胜的军队已经打进函谷关了，秦二世知道这件事情之后十分惊恐，立刻派大将章邯率领在骊山服役的犯人反攻，陈胜的军队遭到重创。公元前208年1月，陈胜的部将召平听到陈胜在别的地方打了败仗，而且秦国的大将正率领军队浩浩荡荡往自己这边进攻的消息，知道自己打不赢秦军，为了活命，他干脆假造陈胜的命令，任命项梁为张楚的上柱国。上柱国就是楚国最高阶的武官。召平对项梁说，陈胜要他带兵攻打秦国的军队。但实际上这是一个大骗局，召平想牺牲项梁的军队来保护自己。项梁不知道受骗，项羽也没有看出破绽，叔侄两人于是率领八千名江东子弟渡过长江攻打秦军，还边走边招兵买马扩充实力，一路上收编了陈婴、黥布、蒲将军等人的军队，不久就募集到六七万人，阵容更加壮大了。

陈胜已被杀害的消息传来之后，各路义军群龙无首，人心惶惶，项梁叔侄抓住机会，将来自各地的将领召集到薛城，讨论义军日后的行动。当时，刘邦在他的故乡沛县起兵，听到消息之后也赶来投奔项梁，刘邦自己原本有五六千人，项梁又给他士兵五千，将领十位，壮大了刘邦的实力，刘邦于是开始了与项家人共同打拼的岁月。

在这里，我们简单介绍一下刘邦——这个影响项羽以后命运的关键性人物。刘邦出生于沛县，父母都是农民，父亲叫作"太公"，母亲叫作"刘媪"，就是"刘老爹"和"刘老太太"的意思。刘邦年轻时性格豪爽，待人宽容，但是他不喜欢读书，也不喜欢耕作，整天游手好闲到处瞎晃，他的父亲常常骂他是个无赖，还说他不如哥哥们老实守本分，刘邦也不以为然。

刘邦长大之后，因为交游广阔，被推举为泗水的亭长。亭长负责接待来来往往的官吏，在当地也算小有名气。有一次，刘邦押送犯人到首都咸阳，见到秦始皇出游，当时咸阳城内的百姓都到街上看出巡的盛大场面，望着秦始皇威风的样子，刘邦不禁羡慕地说："大丈夫应该这样才对啊！"

公元前209年，刘邦押解犯人去修骊山陵寝，半路上因为天气不好耽误了行程。刘邦知道耽误行程的下场

就是被处死刑，反正都是死，想来想去干脆叛变。刘邦放走其他的犯人，大多数的人都逃走了，只有小部分的人愿意跟着刘邦，这些人成为他早期的兵力来源。刘邦又得到萧何、曹参这些贤士的帮助，号召民众杀死沛县的县令，响应起义。大批民众攻入县衙，没多久就占领了整个城市，打开城门迎接刘邦入城。在众人的拥戴之下，刘邦加入反秦的行列，当时人称他"沛公"。刚开始的时候，刘邦也打了几场小胜仗，可是渐渐的，刘邦感到自己的力量太弱，刚好在这个时候，项梁和项羽率领的军队进入薛城，成为反秦义军中一支强大的力量，刘邦于是决定投靠项梁。

项梁在薛城召开会议之后，由于他的军队力量很强大，所以他被推举为义军的领袖，他有一名谋士叫范增。

范增对项梁说："陈胜失败是必然的事情，虽然秦国把六国灭了，但最后跟秦国作殊死战的是楚国。当年楚怀王出访秦国时，被秦国扣留，不让他回国，这件事楚人到现在都怀恨在心，所以才会有'即使楚国只剩下最后三户人家，最后灭亡秦国的一定还是楚国人'这样的说法。可是陈胜起义，不但没有立楚王的子孙，反倒自己做了王，这根本不合天理，也得不到百姓的支持，当然无法成功。现在您在江东起兵，各地起义的军队都争着归附于您，您知道是什么原因吗？是因为您家世世代代都是楚国将领的缘故，大家都认为您一定会为我们立个楚王的子孙啊！"

项梁觉得范增的话很有道理，为了巩固自己的势力，获得民众的支持，项梁决定听从范增的建议，拥护楚怀王的孙子熊心。当时熊心早就沦落为牧羊人，项梁让他拥有跟祖父一样的帝号——楚怀王，作为各路起义军共同的领袖。项梁则自称武信君，表面上服从楚怀王的命令，实际上是各路起义军的盟主，军队都要听他的命令，就这样，一个新的楚国政权诞生了。

薛城会议之后，项梁对部队进行了初步的整顿，然后率领军队攻打亢父，接着与齐的田荣、龙且等人合力援救北方的东阿。项梁又命令项羽和刘邦带领两支分队进攻城阳，这几场战役中项梁的军队获得空前的胜利。项羽和刘邦攻陷城阳之后，又折往西边击败了濮阳的秦军，将秦军逼进濮阳城内不敢出战。同年8月，项梁又率领军队南下，在定陶打败秦国的军队；同一时间，刘邦和项羽率领军队与另一支秦军在雍丘作战，杀死秦将李由，击败了秦军在洛阳周围最强大的一支兵力。短短的三个月内，项梁的军队四战四捷，狠狠地打击了秦军的士气，义军受到很大的鼓舞，也更坚定了要战胜秦军的决心。

义军在各地起义都获得胜利，加上项羽杀死秦国大将李由，这些战绩让项梁骄傲自满，甚至开始轻敌，认为秦军已经不是他的对手，不把他们看在眼里。没想到那年9月，秦国的将领章邯经过长时间的准备，等咸阳的援兵抵达之后，突然在一个月黑风高的夜晚冒雨偷袭项梁。由于事发突然，项梁在没有心理准备的情况下匆忙应战，好梦正酣的楚军也仓促上阵，结果被杀个片甲不留，项梁也在那场战役中阵亡，楚军损失惨重。

这时候，项羽和刘邦正在外黄作战，因为秦国军队顽强抵抗，双方已经大战一个多月，项羽和刘邦还是无法顺利攻下城池，正当他们准备要转攻陈留的时候，得到项梁战死的坏消息。

因此，军营内外一片恐慌，项羽更是又伤心又气愤，想要立刻派遣军队跟章邯拼个你死我活，好替叔叔报仇雪恨。这时候刘邦反而比较冷静，他劝项羽："楚军的主力已经损失了这么多，人心动荡不安。我们不能这么冲动，应该从长计议，暂时躲避一下，以后再找机会报仇吧！"项羽听了刘邦的建议之后，认为他讲得很有道理，立刻指挥部队往东撤退，重新部署战线。

于是，楚军三支主力部队暂时安顿下来，吕臣的军队驻扎在彭城，项羽的军队驻扎在彭城西方，刘邦的军队则驻扎在砀县，准备互相接应，随时对秦军展开反击。

3. 破釜沉舟

秦国的将领章邯打败项梁之后，也开始骄傲起来，认为义军已经没有什么力量，不会对秦朝造成威胁，这下可以高枕无忧了。这一年9月，章邯率领军队渡过黄河，进攻刚刚恢复国号的赵国。赵国因为刚刚独立的缘故，国家的力量很弱，军队战斗力不强，一遇到章邯率领的秦军就纷纷逃走。章邯几乎没有遇到什么阻碍，一路上势如破竹，大摇大摆地开进赵国的首都邯郸。章邯到邯郸之后，强迫居民通通迁离，将整座邯郸城彻底破坏。赵王歇和宰相张耳见苗头不对，退守到巨鹿，哪知道巨鹿这个地方也不安全，他们刚到，就被尾随而来的秦将王离的军队团团包围住，章邯则将士兵驻扎在巨鹿城南方，加紧修筑通道，源源不断地给王离输送补充军粮。巨鹿城内的赵军形势十分危急，不断地派遣使者向楚怀王求救。

楚怀王知道项梁在定陶战死的消息后，当下就决定迁都到彭城，并且召集吕臣、项羽和刘邦等人共商大计。当时宋义建议楚怀王说："想在反秦的战争中站稳脚步，扩大声势，就必须主动西进，攻占秦都咸阳。如果退避的话，就只有挨打的份儿。"楚怀王接受了宋义的建议。可是当时秦军的战斗力很强大，谁也不敢冒险攻打秦国的根据地，生怕有去无还，白白送死。有道是重赏之下必有勇夫，楚怀王见没人愿意领命，于是当场宣布，不管是谁，谁先进入关中就可以当关中王。

乍听到先入关中的人就可以当关中王的消息，刘邦很是心动，立刻第一个请战，说他愿意攻打关中。这时候项羽也不甘示弱，向楚怀王说他也愿意出征。两个人都这么踊跃，那么究竟派谁好呢？这时楚怀王身边的老臣提出他的看法。他认为项羽个性较为粗鲁、残暴，当初陈胜和吴广这两人就是以暴制暴，不得人心，最后才会失败；这次如果再派项羽到关中去的话，一定又会重蹈覆辙，还不如派一位德高望重的长者，可以借机收揽民心，这样不用浪费一兵一卒，百姓就会自动归顺。

楚怀王听了老臣的建议之后，心中已经决定要派刘邦领兵前往咸阳，但是他不知道怎么向项羽交代。正巧这个时候，赵国派使者前来求救，说章邯正率兵包围赵王，赵国的局势相当危急。项羽一听到章邯的名字，就气得怒发冲冠，恨不得马上砍下章邯的头颅，告慰叔父项梁在天之灵，于是当场向楚怀王请命前往巨鹿援救赵王。此举正中楚怀王下怀，楚怀王立刻决定，任命宋义为上将军，做全军的最高统帅，项羽为次将，范增为末将，率领军队北上援救赵国。楚怀王同时命令刘邦率领军队向咸阳进攻，直捣秦朝的心脏地带。

公元前207年10月，宋义率领援军前往救援赵国。但是大军开拔到距离巨鹿不远的安阳之后，宋义因为害怕秦军的气焰，居然就在原地按兵不动，待了四十六天还不敢前进。虽然当时赵国的状况相当危急，频频派来求救的使者，宋义却还是一点反应也没有。项羽急着要攻打秦军为叔父项梁报仇，看到宋义裹足不前，心急地对他说："现在秦军围住巨鹿城，赵国危在旦夕，我们应该快点率领军队渡过黄河，从外围攻打秦兵，让赵国从内部反攻，这样里应外合，一定可以打败秦国。为什么要在这里空等呢？一旦错过机会，一定会后悔莫及的！"

宋义听到项羽的责问，不慌不忙地回答："你懂什么？行军打仗不能够光靠蛮干，一定要用脑袋才行啊！此时出征就像用手掌猛击牛背一样，虽然能打到牛背上的小蚊子，却打不到牛毛里面的虱子。章邯的军队就像是露在牛毛外面的小蚊子，而我们真正的心腹大患却是秦本国的军队。现在秦军正在攻打赵国，战争耗费这么多时间，即使秦军战胜了赵国，军队也会疲惫不堪，到时候我们就可以乘虚而入，将他们一网打尽。如果秦军到最后不能打败赵国，我们也可以趁着秦军败退的时候大举西进，攻打秦国，最后取得胜利。所以我们暂时不要派兵出战，让他们两国继续打下去，等他们两败俱伤之后，我们再坐收渔翁之利，这样不是很妙吗？"

宋义见项羽没有反驳，心里更加得意，以为自己在言词上占了上风，又继续毫不客气地说："如果要说在战场上冲锋陷阵，我一定比不上你，但是说到运筹帷幄，使用兵法，你却比不上我呢！"不仅如此，宋义还当场颁布一道军令："凡是像猛虎一样凶恶，像公牛一样狠毒，像野狼一样贪婪，桀骜不驯、不听命令、不服从指挥的人，一律格杀勿论！"项羽虽然是个粗人，但也听得出宋义的言外之意，他这话很大的部分是说给自己听的，项羽心里当然很不是滋味，但是他强压住心头的怒火，暂时忍了下来。

这个时候，宋义又忙着打通关系，为加强和齐国的联盟，安排自己的儿子宋襄到齐国当宰相，并亲自送行。当军队行进到无盐这个地方的时候，宋义举行盛大的宴会为他的儿子庆祝，大伙儿饮酒作乐起来。当时正值冬季，天气很冷，外面又下着大雨，军粮根本就不够，士兵们穿着单薄的衣服，又冷又饿。项羽看了实在于心不忍，于是打算激起士兵同仇敌忾之心，利用这个时候发难。

项羽生气地对士兵们说："现在本来是应该合力进攻秦军的时候，我们的军队却停滞不前，反而在这里浪费时间，让弟兄们受苦受难。今年的收成不好，百姓们都很贫困，所以军中的粮食不够，士兵们都在挨饿。宋义身为上将军，是整个军队的最高统帅，这个时候不跟士兵们同甘共苦，却大摆酒宴徇私取乐，不但不肯率领士兵渡河跟赵国合攻秦军，还说什么要等秦军疲惫的时候再下手。秦朝那么强大，要攻打刚建立的赵国，赵国一定会输的。灭掉赵国之后秦军必定会更强大，哪里有什么疲惫可言？这是秃头顶上的虱子，再明显也不过的事情啊。楚怀王把可动用的军队都交给宋将军，这么信任他，国家安危就掌握在他手上，可是宋将军却不体恤士兵，只会照顾自己的人，这样的人算什么首领？他根本不是国家的忠臣！"

其实，楚军的主力才刚被秦军打败，楚怀王坐立不安，很怕发生什么危险，所以才把所有的兵力都交给宋义。但项羽对楚怀王任命宋义做统帅早就不满，现在更对宋义害怕敌人、只知道谋取私利的行为十分生气。项羽认为宋义根本就不是个爱护士兵的将领，一点都不值得为他效命。在忍无可忍的情况之下，一天早上，项羽闯入宋义的营帐中，宋义还没反应过来，项羽就拔出身上的宝剑，斩下了宋义的头颅。接着，项羽手提宋义的头颅，走到营帐外面，慷慨激昂地对将士们说："宋义和齐国勾结，想

背叛楚国，我已遵照楚怀王的密令将宋义杀死了。"将士们都对项羽这种英勇果敢的行动佩服至极，异口同声地表示："最早倡议创建楚国的就是你们项家的人，现在您又平定了一场祸乱，保卫了楚怀王，立下大功。我们愿意跟随您出生入死，共同讨伐秦贼！"

于是，将士们共同推举项羽为代理上将军，并且派人追杀宋义的儿子宋襄以斩草除根，一直追到齐国境内才得手。项羽同时派人向楚怀王报告整个事情的经过。楚怀王虽然对项羽擅自杀害主将很不满意，但是眼看事情已经成为定局，再不高兴也只能接受，只好顺水推舟，任命项羽为上将军，黥布和蒲将军都归项羽管，让项羽率领军队救援赵国。经过这次的风波，项羽才真正掌握了部队的控制权，他亲自指挥楚军攻击秦军、援救赵国，打了他一生中最辉煌的战役，不仅威震楚国而且闻名四方，打响了他英勇善战的名号，这时候项羽不过才二十五岁呢！

同年12月，项羽抱着必死的决心，率领军队往巨鹿城出发。当时秦军人数比楚军多得多，项羽评估双方的形势，认为这个时候不能蛮干，要运用策略。于是他先派黥布率领两万名士兵渡过漳水偷袭秦军，成功地切断了秦军供应粮食的通道；接着，他亲自率领全部的兵马渡过漳河，过河之后，下令凿沉所有的船只，并把所有煮饭的用具都打破，每名士兵身上只准带三天的干粮，完全阻断了士兵们的退路。项羽用这个方式来表明跟秦军决一死战，不求生还的决心，这就是著名成语"破釜沉舟"的由来。所谓的"釜"，就是煮饭用的大锅子，"舟"，自然就是渡河用的船只了。把釜打破，把舟弄沉，表示只能前进不能后退，不给自己留后路。这样做的用意，是借此向士兵表示，宁愿战死也不走回头路了。

项羽率领军队渡河之后，前面是气焰嚣张的秦军，后面则是波涛汹涌的河水，全军上下都明白，只有往前打败强敌，才是唯一的出路。项羽利用这个方法，果然让楚军士气高昂、斗志旺盛。

楚军以迅雷不及掩耳的速度包围秦军，与秦军大战九回合，每个回合都获得了胜利。《史记》中记载："楚战士无不一以当十。"就是说参加战役的楚军相当英勇，一个楚国的士兵能抵挡十个秦国的士兵呢！

《史记》中还写过这么一段话："诸侯军救巨鹿下者十余壁，莫敢纵兵，及楚击秦，诸将皆从壁上观。"其实早在项羽进攻秦军之前，已经有十几路诸侯军相继抵达巨鹿城，想援救赵国，可是他们害怕秦军的威力，所以在城外屯兵不敢出战。当楚军进攻秦军的时候，这些诸侯军仍然没有出战，只是远远地站在自己的营垒上观战，看着楚军勇猛善战的样子，吓得冒出一身冷汗，也暗自佩服项羽的英勇。

一连九次激烈的战斗之后，项羽终于打败秦军，杀死秦将苏角，俘虏了另一个将领王离，还有一个叫涉间的将领因为不肯投降，跳到火堆里自焚死了。被秦军围困三个月之久的赵军终于得救了，赵王歇和宰相张耳平安出城，楚军取得了空前的胜利。

巨鹿之战让楚军声名大噪，项羽也威震中原，在反秦义军中享有崇高的威望，大家都很敬畏他的胆识。战争结束之后，项羽召集各路援军的将领，那些人接到请柬后不知道是福是祸，坐立不安，可是又不敢不去。他们走进营区大门时浑身发抖，全都跪倒在地，低着头用膝盖匍匐前

进，根本就不敢抬头看项羽，只能趴在地上任凭项羽处置。项羽也没有为难他们，只是意气风发地提出联合各国对抗秦军的策略，诸侯们连忙说好，并共同推举项羽为联军的总指挥。

项羽消灭包围巨鹿城的秦军之后，将军队驻扎在漳河南岸，矛头直接指向有不共戴天之仇的秦将章邯。章邯因为近来战绩不佳，对项羽已经有几分恐惧，虽然他手下还有二十万大军，却不敢轻举妄动，只能暂时驻兵在巨鹿西南方的棘原，双方的军队僵持了好几个月。

巨鹿之战失败的消息传回咸阳，秦二世立刻派使者痛骂章邯一顿，将失败的责任都推到他身上，吓得章邯冒出一身冷汗。章邯为了自保，派司马欣专程回咸阳请罪，打算向秦二世报告巨鹿之战的真实状况。没想到，昏庸懦弱的秦二世整天沉浸在酒色当中，只顾着享乐，实际执掌大权的是宰相赵高。司马欣回到京城之后，赵高拒绝跟他见面，司马欣知道事情不妙，迅速回到军营中跟章邯报告这个情况。章邯发现自己现在进退两难，不但很难再打胜仗，打输了回到咸阳还可能会被处死。章邯也担心遭到宰相赵高的陷害，经过一整夜的思考之后，他决定率领司马欣、董翳等人，以及全部的军队向项羽投降。

章邯打算投降的消息很快就传到项羽的耳中。一提到章邯，项羽简直是怒火中烧，恨不得将他碎尸万段，但是他也考量到楚军现在粮食不足，士兵体力透支，也很难再支持下去，如果能接受章邯的投降是最好的方法。项羽跟部将商量之后，获得大多数人的同意，于是他让章邯派来的使者回去报信，表示愿意接受章邯的投降。项羽不记旧恨，章邯投降之后不但毫发无伤，还被封为"雍王"，章邯的部下司马欣改任为将军，统帅投降的二十万秦兵。

一切看起来都非常顺利，项羽获得这批秦国的降兵，可说是如虎添翼，声势更加壮大。只可惜，虽然项羽非常骁勇善战，但还是有他的缺点。因为项羽带领的军队曾经受到秦军的虐待，二十余万秦国士兵投降之后，诸侯军便常常借机报复，把秦军当作奴隶一样使唤，让秦军感到相当的羞辱，私底下有很多不满。几位将领发现这个现象，立刻添油加醋地向项羽报告，项羽听了之后觉得很不安，马上找来心腹大将黥布和蒲将军商量对策。黥布和蒲将军认为秦国的降兵心里很不满，要是回到秦朝的地盘之后，反过来报复就糟糕了，为了预防这样的事情发生，他们建议项羽将这二十万的降兵活埋。项羽为了避免夜长梦多，也同意这么做了。

回头来看看刘邦这支军队的进展。

由于秦军的主力军队先被项羽的军队牵引，后被项羽消灭，让刘邦进攻咸阳少了很多阻碍。刘邦的军队自彭城出发后，一路上势如破竹，没多久就占领了陈留。刘邦以陈留为基地，继续向前推进，同一时间，他也得到一个重要的谋士张良，张良对刘邦往后的发展有很大的影响。

当刘邦的军队进攻南阳的时候，南阳郡守公开表示愿意投降，刘邦进城时，特别约束军队的纪律，所过之处并不滥杀无辜，其他地方的守将见到这个情形也纷纷投降。从此之后，刘邦声威大震，与残杀人民的秦军，以及暴虐无比的楚军形成强烈的对比，刘邦因此得到人民的热烈拥护。

刘邦和项羽这两支军队持续向关中挺进，宰相赵高知道已经不能再隐瞒下去了，但他害怕秦二世知道事情的真相之后会对自己不利，于是干脆先发制人，与女婿咸阳令阎乐、弟弟郎中赵成合谋要杀死秦二世。秦二世这时才如梦初醒，但是一切都来不及了。他可怜兮兮地哀求赵高放他一条生路，但是被赵高拒绝了。最后，秦二世被逼自杀，赵高则按照事先的计划，立扶苏的儿子子婴为皇帝。但是继任的皇帝子婴可不是个呆子，他知道赵高拥立他为皇帝只是权宜之计，最后他还是逃不过杀身之祸，于是子婴在举行登基仪式那天，趁着赵高到家中接他去宗庙的时候，将赵高刺杀，还把他的尸体丢在咸阳的街上。赵高的死状相当凄惨，这就是乱臣贼子的下场。

公元前207年10月，刘邦的军队到达霸上，距离咸阳只剩下一百公里远，刘邦向秦王子婴发出最后的通牒，要求他立即投降。子婴知道大势已去，便下令护卫的秦兵停止无谓的抵抗，自己坐着白马拉的丧车，打扮成俘虏的样子，捧着象征皇帝权力的印信到刘邦阵前投降。历史上，把子婴投降，刘邦进入咸阳城这天，作为秦朝灭亡的日子，秦始皇建立的大一统王朝，只持续十五年，就被推翻了。

刘邦和他的军队威风八面地进入了咸阳城，这些士兵大多出身于贫苦人家，不曾见过这么金碧辉煌的宫殿建筑，豪华的布置让他们眼花缭乱。刘邦本人当然非常兴奋，迫不及待地直奔皇宫，将士们也纷纷搜找财宝，想要趁机大捞一笔。谋士樊哙看到情形不对，连忙劝刘邦为大局着想，回到霸上共商大计。刘邦听了樊哙的劝告，认为他说得没错，连忙放下一堆令人目不暇接的金银财宝和如花美女，命令将士们将宫殿的仓库封好，立刻退出咸阳城。

11月，刘邦召集关中各地的父老乡绅，告诉他们说："我跟诸侯们与楚怀王约定，谁先进入关中，谁就是关中王。按照盟约，关中应该由我管辖。我今天跟诸位父老们郑重宣布，从今天开始，废除秦朝一切严苛的法令，重新约法三章：第一，杀人偿命；第二，打伤人者，视情节轻重处罚；第三，偷窃他人财产者，一律治罪。从现

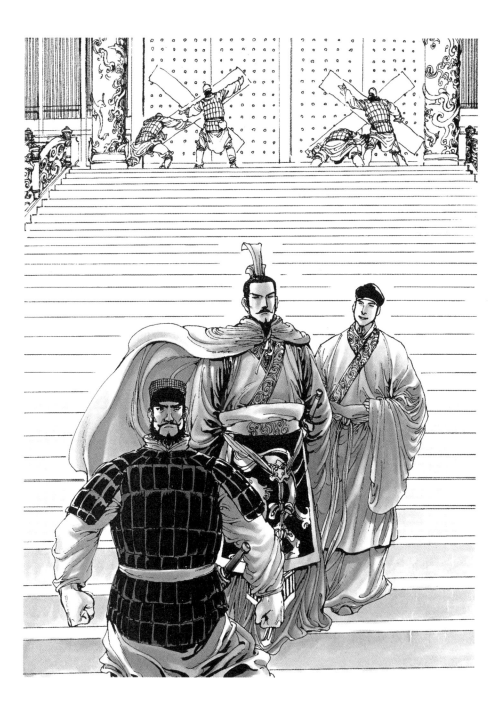

在开始，我们不翻旧账，也不会滥杀无辜，以前当官的继续当官，但是必须改邪归正。我们起义的用意是为了消灭秦朝的暴政，不是要来害你们的。请大家放心，尽可以安心生活不用恐慌。我说的句句是真话，绝不食言。我们的军队暂时会回到霸上，等到各路诸侯军来的时候，再做下一步的打算。"这场约定就是历史上有名的"约法三章"。

咸阳当地的居民原本很担心刘邦的军队进入咸阳之后，会烧杀掳掠，心中充满恐惧。听到刘邦的宣告之后，大家都松了一口气。当刘邦命令手下到各地方贴告示、宣传新法的时候，还受到乡亲们热烈的欢迎，地方百姓甚至杀牛宰羊提酒来犒赏刘邦的军队。但是刘邦不允许将士们接受百姓的馈赠，让百姓们更加感动，恨不得刘邦立刻在关中称王。

当刘邦进入关中，稳定咸阳城秩序的时候，项羽正一路朝着咸阳前进。11月中旬，项羽的军队抵达函谷关，打算进入关中，却被士兵阻挡而无法入关。这种感觉就像明明已经到家门口了，却无法踏进家门一样，让项羽觉得很不痛快。这时候，项羽得知守关的将士不是秦军，而是刘邦的部下，又听说刘邦的军队已经早他一步攻进咸阳城，气得暴跳如雷，立刻派黥布率领军队攻打函谷关，准备一举攻进关中。

4. 鸿门宴刘

项羽离开函谷关，率领军队进驻鸿门，在那里整顿军队准备攻打刘邦。

当两批人马互相对峙的时候，刘邦手下的左司马曹无伤被项羽军队的气势吓到了，心想项羽的兵力这么强大，刘邦一定不是他的对手。为了自己的荣华富贵，曹无伤派人偷偷向项羽告密说："沛公想在关中称王，已经承诺让秦的降王子婴当宰相，其他的将领也都分封好了，他还查封了宫殿里所有的金银珠宝，打算全部占为己有呢！"

单纯的项羽听了，果然信以为真，一气之下立刻想出兵与刘邦一较高下。这时候，项羽身边的谋士范增也劝他说："刘邦本来就是个贪财好色的小人，进关以后却一反常态，不但大批的金银财宝不屑一顾，貌美如花的美女也没看在眼里，看来他的野心不小。前几天，我派人去观察天象，发现刘邦的营区上空充满五彩云气，这分明就是天子之气，大王一定要尽早除掉他，不然后患无穷啊！"

项羽听了曹无伤和范增的话之后，认为必须趁早跟刘邦有个了断，立刻下令准备出战，让所有的士兵饱餐一顿，打算隔天早上就向刘邦进攻。这时候项羽有四十万大军，刘邦只有十万人马，两边的实力相差悬殊，局势对刘邦很不利。

话说项羽另外有个叔叔叫作项伯，跟刘邦的谋士张良是好朋友，张良还对项伯有过救命之恩。项伯这个人很重义气，他知道项羽第二天就要发兵攻打刘邦，便连夜赶到刘邦的军营，想劝张良跟他一起逃走，不要留下来等死。张良也是个重情义的人，他觉得刘邦现在正需要他，他不能不顾道义地逃走。张良跟项伯说："我是奉韩王的命令到沛公这边帮忙的，现在沛公有难，如果我忘恩负义私自逃走，别说以后的人会怎么耻笑我，我自己的良心也受不了这种谴责啊！我必须把这个消息告诉沛公。"说完，张良就带项伯去向刘邦报告这件事。

刘邦听到这个消息之后非常震惊，为了化解危机，他听从张良的建议，放下身段大摆酒席，热情地款待项伯，并与项伯以兄弟相称，约好将来的子女要结为亲家，对他毕恭毕敬，希望项伯能够从中调解，让整件事情大事化小，小事化无。刘邦假意地对项伯说："我入关之后，没有擅自动用任何财物，只想整理好官员和人民的户籍，把国库严密封存，等待项将军到来。项将军怎么说我反他呢？我之所以派兵镇守函谷关，是为了防备盗贼出入，绝对没有跟项将军为敌的意思，我天天盼望着项将军的到来，怎么会与他作对呢？我请求您回去转告项将军，我刘邦绝对不是那种背信忘义的小人！"

项伯听了刘邦的话，感动得不得了，心想刘邦绝对不会骗他，因此答应刘邦，为他到项羽那里说说好话。临别前，项伯一再叮嘱刘邦，第二天早上务必亲自来拜会项羽，把误会解释清楚。项伯连夜回到鸿门，将刘邦的话转告项羽，同时也为刘邦说情："如果不是沛公先平定关中，你怎么能够轻易入关呢？人家立了大功，你却要去攻打人家，这是违反道义的，倒不如趁明天他来谢罪的机会，好好款待他。"项羽听了项伯的话之后，衡量目前敌我双方的局势，心想如果第二天立刻开战的话，也没有把握会打赢，于是答应项伯，先在鸿门与刘邦会面，听听他的解释再说。

第二天一早，刘邦与张良、樊哙等人，率领百余骑兵到鸿门会见项羽。项羽刚见到刘邦的时候，并没有给他好脸色看，还追问他说："刘邦，你知罪吗？"刘邦看着项羽威风的样子，虽然很心虚，但还是强作镇定地说："项将军此话怎讲？我刘邦与您相处多年，您还不了解我吗？当初我们在项梁将军手下并肩作战，可以说是情同手足。只是分兵以后您打河北，我攻河南，一时联系不上，就连我自己也没想到我会先攻进关中呢。实际上，这都是您的功劳啊！如果不是您先灭掉秦的主力部队，我刘邦的脑袋掉在哪里都不知道呢！虽然先进入关中的是我，但我入关之后，没有动任何手脚就退回霸上，一心一意等待将军入关，全权交给您处理。老天可以作证，我刘邦对您绝无二心啊！我听说有小人从中挑拨，想要破坏我们之间的关系，让我们自相残杀，那些人实在是居心叵测，请将军您明察啊！"刘邦是个老谋深算的人，一番话讲得声泪俱下，好像很诚恳的样子，单纯的项羽哪里了解，被刘邦这么一称赞，不禁感到有些得意，忍不住说出那是刘邦的手下曹无伤放出来的消息。

刘邦见项羽似乎相信他了，继续抓住机会添油加醋痛斥小人，趁机吹捧项羽，把项羽哄得心花怒放。项羽越听心情越好，渐渐露出笑容，气氛也和缓下来。项羽个性天真，听了刘邦几句甜言蜜语后，就把心中的怨恨和不满通通抛到脑后，相信刘邦的真心了。

看着和谈的气氛还不错，项羽就邀请刘邦留下来畅饮一番，并下令手下准备酒席。刘邦本来不愿意久留，生怕露出马脚，或是出现什么意外而丢掉性命，但是他知道项羽的牛脾气，当下不敢推辞，只好壮着胆子、耐着性子答应了。按照酒桌上的礼节，项羽和项伯坐西向东，这是尊位，也就是主位；范增次之，坐北向南；刘邦坐南向北，是部下臣僚的位子；张良坐东向西，这是最卑下的位子。项羽和项伯面对张良，刘邦面对范增，就这样宾主各就各位。

席间最兴奋的就属项羽了，几杯黄汤下肚之后语气更高亢，滔滔不绝地讲个没完，一直跟刘邦、张良劝酒畅饮，好像他们之间没有发生过什么摩擦一样。范增看到这种情形，心里实在是着急得不得了。他觉得今天是把刘邦杀掉的绝佳机会，如果错过的话，将来一定会后悔。但是项羽怎么迟迟没有行动呢？范增不断地向项羽使眼色，还三次举起自己的玉玦打暗号，要项羽尽快行动，可是项羽却无动于衷，只顾着谈笑饮酒，好像没看到一样。

范增看项羽没有回应，于是到外面把项羽的堂弟项庄叫进来，对他说："项王这个人容易心软，不忍心下手。待会儿你可以进去敬酒，敬完酒后假装舞剑助兴，趁机刺杀刘邦，如果不这么做的话，等到刘邦的势力越来越大，将来我们都要变成他的俘虏了。"

项庄听了之后，就进入宴席举杯敬酒，敬完酒后，请求项羽准许他舞剑为乐，项羽同意了。项庄立刻拔出宝剑翩翩起舞，转来转去始终不离刘邦左右，而且剑尖总是指向刘邦。项伯看出项庄的企图，也随即拔剑与他对舞，同时用身体阻挡项庄的剑，让他无法攻击刘邦。张良见到情形不对，连忙趁机离席到军营外找樊哙。樊哙人在外面不

知道里面的状况，内心正焦急的时候，一听到张良说刘邦现在身处险境，气得马上带着宝剑和盾牌强行闯进酒席，并张大眼睛瞪着项羽，看起来好像头发都要竖起来，眼眶都要裂开了似的。

项羽突然见到一个威风凛凛的人走进来，惊奇地问："这个人是谁？"张良在旁边替樊哙回答说："这是沛公的护卫，名叫樊哙。"项羽见樊哙身披斗篷，十分威武的样子，不禁称赞他一声："壮士！"当场吩咐身边的人赏给樊哙一杯酒。樊哙接过酒后豪迈地一饮而尽，项羽又赐给他一只猪前腿，樊哙把猪前腿放在盾牌上，直接用剑切开大口大口地吃起来。项羽最欣赏这种粗犷豪迈的英雄人物，于是高兴地跟樊哙说："真不愧是壮士好汉！要不要再来一杯呢？"樊哙又摆出一副天不怕地不怕的样子说："我连死都不怕了，难道还会怕喝酒吗？"接着，樊哙义正辞严地责备项羽说："秦王就像虎狼一样的凶恶残暴，所以天下的人都起来反抗他。当初楚怀王跟大家约定，谁先进入关中，便可做关中王，沛公虽然先进入关中，但并没有立刻自立为王，而是退军到霸上等待将军的到来，派军守关是为了防止意外发生，并没有要阻挡您的意思啊！沛公这样劳苦功高，大王不仅没有封赏他，反而听信小人的话想杀害有功劳的人，您这样做，不就跟被灭掉的秦朝一样吗？我认为将军不应该这样！这样做是不对的！"

项羽听了樊哙这番理直气壮的话，一时之间竟然无法反驳，愣了一会儿才跟樊哙说："请坐。"示意他坐到酒席上来与大伙共饮。樊哙也不推辞，捡起盾牌，大大方方地坐在张良旁边与大家一块用餐。过了一会儿，刘邦借口要去上厕所离开座位，并且要张良、樊哙跟他一起出去。原来是因为刘邦觉得继续留下来实在危险，打算回营，但又觉得没有跟项羽辞行，好像有些不妥，心里犹豫不决。樊哙大力反对去向项王辞行，他跟刘邦说，现在的情况是"人为刀俎，我为鱼肉"，项羽那方已经摆好了砧板和菜刀，刘邦他们就像是等着被切的鱼和肉一样，随时都会被杀掉，两方的形势有明显的差距，如果刘邦不趁这个机会赶紧逃走，难道要等人家来宰杀吗？刘邦认为樊哙的话很有道理，于是带着他和夏侯婴、靳彊、纪信等将领连忙逃走了。临走前，刘邦吩咐张良把带来的一对白璧送给项羽，一对玉斗送给范增，就当作是礼物，然后头也不回地走了，只留下张良独自一人面对项羽。

过了一段时间，张良估计刘邦已经走远了，才慢条斯理地回到酒席，献上刘邦准备的礼物，假装诚恳地跟项羽说："沛公今天跟将军喝得很痛快，但是他酒量不好已经醉了，不能亲自来跟您告辞。他托我奉上这双白璧献给将军，这对玉斗转呈给亚父范增。"项羽这才知道刘邦已经不告而别了。他问张良说："沛公到哪里去了？"张良回答："沛公听说将军有责备他的意思，心里害怕，所以一个人先走了，现在已经回到霸上。"项羽听了之后，把礼物收下放在桌上，并没有什么特别的反应。反倒是身边的范增，眼见刺杀刘邦的计谋落空，心中十分懊恼，气得拔出佩剑把玉斗击个粉碎，同时叹了一口气说："哎，实在是不能跟项庄这个蠢才一起共事啊，将来夺取项王天下的一定是沛公，我们这些人以后要变成他的俘虏了！"

这场惊心动魄的酒宴，就是历史上有名的"鸿门宴"。项羽在这个事件中太相信刘邦，缺乏当机立断的能力，让刺杀刘邦的计划失败，埋下了日后败死的伏笔；刘邦则因为巧妙地脱身，让他有进一步发展的可能，一场高潮起伏的宴会，注定了楚、汉双方日后不同的命运。"鸿门宴"一词在后世被用来比喻"不怀好意的筵席"，席间发生的故事如"项庄舞剑，意在沛公"以及"人为刀俎，我为鱼肉"等，也成为我国历史上的名句。

5. 自立为王

鸿门宴过后几天，项羽率领几十万大军浩浩荡荡地进入咸阳城。项羽军队的人员构成非常复杂，带有多国联军的性质。这些将士大多怀着亡国的仇恨，恨不得血洗咸阳城以消心头之恨。进城之后，项羽不但纵容士兵屠杀无辜的百姓，处死秦降王子婴和诸侯、贵族，抢劫大批的珍宝及良家妇女，又放火烧掉了秦朝宫殿和官府。阿房宫是秦始皇时代就开始建造的宫殿，曾耗费大批民力和金钱，而以它为中心的数百座楼台殿阁，都在这场大火中化为灰烬，这把烧了三个多月的大火，使得咸阳城变成一片废墟。

经过一阵烧杀掳掠后，项羽决定带着搜刮来的金银财宝和美女回到彭城，准备好好享受安稳的日子。这时候，有个叫作韩生的人跟项羽建议说："关中地势险要，土壤十分肥沃，如果在这里定都的话，就可以称霸天下。"这是一个很有远见的建议，因为关中地区不仅土地肥沃物产丰富，四面还有天险可守，进可以往东争夺天下，退可以闭关称王，的确是建都的理想地点。

项羽看了看残破不堪的咸阳城，实在是没什么兴趣，他很怀念久别的故乡，想要快点回去。因此他跟韩生说："好不容易富贵了，如果还不能回到家乡的话，就好像穿着豪华的衣服走夜路一样，谁也看不到啊！我是一定要回家的。"项羽断然拒绝韩生的建议，让韩生感到十分惋惜，只好转头离开，他私下忍不住对人说："我听说楚人不过是一只戴着帽子的猴子，果然是一点都不错。"项羽是楚人，韩生是在讽刺项羽是个眼光短浅的人，项羽知道后，非常愤怒，马上叫手下将韩生烧死了。

当大火还在咸阳城熊熊燃烧的时候，项羽就开始按照自己的想法论功行赏。他先派人征询楚怀王对地盘和权力分配的意见，没想到楚怀王却回答说："就按照原来约定的那样子就好了。"意思就是要项羽遵守"先入关中的人就当关中王"的约定，项羽对这样的结果很不能接受。原本项羽就对楚怀王没有派他西进关中，让他失去先进关中的机会十分不满，现在又要他遵守原来的约定，让他更加恼怒。

项羽气呼呼地对部属说："楚怀王算老几？立他的是我们项家，他一点功劳也没有，有什么资格主持盟约？这三年多来，奋勇作战驰骋沙场，最后灭秦定天下，靠的都是各位将军和我项羽的力量，照道理来说，应该是我论功行赏、分封诸侯，根本轮不到他出意见，你们说是不是？"项羽的将领们见到有利可图，也高声附和他的说法，项羽受到激励，于是决定自己作主，分封诸侯，瓜分天下。

项羽的目标非常明确，只要能够在楚国的故地称王，当个楚王就心满意足了。于是他自立为西楚霸王，将原来的楚国、魏国大部分的地区划为封地，建都彭城。看到这里，你是不是想问，为什么项羽不直接叫做楚霸王，而要加个"西"字呢？这是因为楚国的故地习惯上分为西楚、东楚和南楚三大地区，项羽的势力范围属于西楚。再说，现在上头还有个楚怀王在呢！不管楚怀王有没有实权，他的存在总是个事实。虽然如此，项羽还是拥有最多土地的诸侯，一个"霸"字，显示出他崇高的盟主地位。

项羽最怕刘邦跟他争夺天下，但是他既不想给刘邦关中的土地，又不愿背上违背与楚怀王约定的恶名。最后，他跟范增想到一个解决的方法，就是广义地解释关中的地理范围。一般来说，关中指的是以咸阳为中心，即现今的陕西省地区，但如果广义界定的话，也可以包括关中在内，一直延伸到重庆的巴地，以及成都地区的蜀地一带。按照这样的解释，如果封刘邦为汉王，让他拥有巴、蜀及秦岭以南的汉中这些地方，以南郑为都城，就符合了让他当"关中之王"的约定，但实际上却是把刘邦赶到了偏远的西南地区。项羽和范增认为，巴蜀与关中之间道路险阻，是秦朝流放罪犯的地方，汉中与关中之间又横亘着南山，如果把刘邦困在这里，他就没办法与自己争夺天下了。

为了防范刘邦，项羽还把关中一分为三，分给三个投降的秦将：封章邯为雍王，据咸阳以西，定都废丘；封司马欣为塞王，据咸阳以东至黄河沿岸，定都栎阳；封董翳为翟王，据陕北地区，定都上郡。项羽把这三个人分封在关中地区是经过详细考虑的，他们可以挡在关中，成为刘邦东进的障碍。项羽扩大分封诸侯，林林总总加起来，连他自己在内，总共分封了十九个诸侯王。

对项羽来说，任凭自己的意思来分封诸侯虽然让他称心如意，但是还有一个摆在眼前的问题，让人不得不正视，那就是空有虚名而无实权的楚怀王。

项羽尊楚怀王为义帝，名义上义帝的地位在项羽之上，但是义帝的存在对项羽来说是一种阻碍。项羽对义帝让刘邦攻进咸阳一直耿耿于怀，认为他必须让义帝明白，谁才是整个中原实际的统治者。所以等他一回到彭城，马上派人跟义帝说："自古以来，帝王的都城都是在河的上游，居高临下才能显示地位的尊贵。"极力劝义帝迁都到郴县。义帝又不是呆子，知道以前得罪了项羽，现在才会遭到他的报复。虽然项羽的理由说得冠冕堂皇，但实际上就是要把义帝放逐到荒凉的长沙地区。无奈的义帝被项羽的威势所迫，只好同意搬到郴县，但是义帝身边的大臣不愿意跟他走，反而鼓励他抗拒项羽。项羽正愁找不到借口修理义帝，这回总算让他逮到这个小辫子，于是派人把义帝杀害了。

项羽分封完毕之后，下令诸侯们各自往分封的地区就任，自己也带着在咸阳抢夺到的金银珠宝和美女返回彭城，准备好好享乐一番。但是他还是免不了想修理一下那些曾经对不起他的人。我们刚刚提过，项羽一回到西楚，就派人把义帝赶出彭城，强迫他迁往郴县，又命令九江王黥布在路上杀了义帝，这是第一桩。项羽打天下的时候，韩王成没有追随他，等项羽分封诸侯的时候，韩王成却跑出来领赏。更过分的是，韩王成还派臣子张良去帮助刘邦，因此项羽对韩王成讨厌得不得了。分封诸侯的时候，项羽虽然没有取消韩王的称号，却不让他回到韩国都城，反而把他带在身边严加看管。等回到彭城，项羽就把韩王成贬为侯，韩王成非常不满，到处跟人家发牢骚，说项羽的坏话，项羽一气之下就把韩王成杀了，这是第二桩。

另外，项羽分封诸侯，虽然奖赏了灭秦有功的人，却产生很多弊端。项羽随心所欲地按照自己的喜好分封，不仅没有满足大多数人的期盼，反而加深了他与诸侯之间的裂痕。人的欲望是永无止境的，诸侯们对项羽的分封当然不会满足，所以就为抢占地盘而争夺不休。刚开始项羽不把这些诸侯的叛变当一回事，他过分高估了自己的威望和实力，低估了这些诸侯的力量。没想到分封完不久，诸侯之间就发生了激烈的争斗，把整个中原搞得乌烟瘴气。

新封为燕王的臧荼到燕地后，原来的燕王韩广不服气，不肯迁到辽东的新封地，赖在原地不走，两人首先发生冲突。臧荼杀了韩广之后，不仅占领了燕地，还顺手把辽东也划进自己的势力范围。类似的状况不断发生，因此项羽刚回到彭城，各诸侯国就陷入一片混战，大家都不愿意遵守项羽划定的疆界，甚至还有诸侯国公然对他挑衅，扰得项羽不得安宁。为了维持自己霸主的地位，项羽不得不东征西讨，中原又再度陷入分裂、割据的状态。更令人担忧的是，蛰伏在西南的刘邦，趁着中原混乱的时候，居然神不知鬼不觉地回到关中，对项羽造成莫大的威胁。

按照"先进关中者为王"的约定，刘邦本来应该被封为关中王，项羽却把关中封给秦的三个降将，把刘邦封为汉王，将他赶到偏远的汉中和巴、蜀，原本统帅的十万大军也被削减为三万人。刘邦对这样不公平的待遇很生气，原本想对项羽开战，但是萧何劝阻了他。萧何仔细地替刘邦分析目前的局势，认为现在的形势对刘邦不利，唯一的方法就是先忍耐，累积实力，等待时机东山再起。萧何给刘邦想了一个策略，建议刘邦暂时进入汉中，安抚人心，招揽人才，先将巴蜀好好治理以作为根据地，再等待统一天下的机会。

于是刘邦带领三万名士兵向汉中出发。谋士张良先返回韩地，打算利用各种关系为刘邦争取同盟。张良临走之前，向刘邦建议烧毁汉中通往关中的栈道，一方面防止诸侯们进攻，同时可向天下表明，自己无意进取关中，以消除项羽的顾虑，刘邦也采纳了。

刘邦带领军队进入汉中之后，展开了整顿的工作。刘邦任用萧何为丞相，委以治国的重任。萧何拥有前朝全部的法律文书，因此对所有诸侯国各地的户口、税收、土地以及山川、河流等基本形势十分了解。他担任丞相之后专心经营，把巴蜀治理得有条有理，又推荐出身卑微且其貌不扬的韩信给刘邦。韩信原本在项羽旗下，因为没有受到重用而改投刘邦，但刘邦还是没有重用他，于是韩信又打算离开了。当他离开刘邦军队的消息传来，萧何连夜将他追了回来，并向刘邦大力推荐他，刘邦接见韩信，问他有何妙计，韩信做了精彩的回答。

韩信说："霸王项羽表面上虽然强大，实际上是有缺点的。项羽非常勇猛，但是却不会任用人才，这只是匹夫之勇。他待人恭敬慈爱，遇到大事却赏罚不明。他自称霸王，却不占据举足轻重的关中地区，而是建都在偏僻的彭城，看起来就是没有远见。他违反与义帝的约定，按照自己的喜好分封诸侯，让诸侯很生气。他驱逐且杀害义帝，焚城劫夺，杀死降兵，天下怨声载道，百姓都不拥戴他。就是因为项羽已经失去民心，现在虽然看起来很强大，但是只要大王您采取与他相反的方针，宽厚待人，获取民心，一定可以打败他。"

接着，韩信也提出了争夺天下的战略："汉军如果要东进，首先要夺取关中，有关中作基础才可以与西楚霸王争夺天下。镇守关中的三秦都是秦朝的降将，杀人无数，关中百姓对他们简直是恨之入骨。只要汉军出动，关中人民就会响应，取得关中不是问题。当初大王您入关时，军纪严整，又废除秦朝的苛政，所以很得民心，关中的老百姓到今天都还抱怨您为什么没有做关中王。再加上汉军将士大多是东方人，他们思念家乡，想要回去，如果依靠他们东进争夺天下，一定没有问题的。"刘邦听了韩信一针见血的分析非常高兴，颇有相见恨晚的感觉，全盘采用了他的计谋。

想称霸天下成就事业，不仅必须是个杰出的人物，更重要的是要具备识别人才的眼光，还有将重任委以人才的气魄。争夺天下，其实也就是看个人怎样汇集人才，怎样使人才发挥作用；相反，无论多优秀的人才，如果不能使他们充分发挥才能，就无法看出他们真正的价值。韩信幸运地得到刘邦的信任，从此之后，刘邦文依萧何，武靠韩信，积极展开进兵中原的计划。

韩信被任命为大将军后，立刻升帐阅兵，庄严誓师，颁布军纪军令，严格整治军队，准备回师关中。当时出关的栈道已经烧得荡然无存，刘邦问韩信该怎么办，韩信想了一个绝妙的计谋，那就是历史上有名的"明修栈道，暗渡陈仓"。韩信用的是调虎离山之计，他要刘邦派几百个士兵假装去修理栈道，以此来蒙蔽章邯；另一方面，他自己则和刘邦率领军队从故道陈仓潜入关中。

当刘邦持续向东方推进时，项羽的军队还在东征西讨。刚刚谈到，许多诸侯觉得项羽分封天下不公，有些人便起来反抗他，齐王田荣也是其中之一。他自立为齐王，项羽明显感受到威胁，便将军队开进城阳讨伐他。田荣被项羽打得落花流水，带领数百人退到平原，强迫当地百姓捐献粮食让他打仗，却被愤怒的百姓杀死。项羽改封田假为新齐王，自己率领军队继续北上，但是楚军的纪律败坏，沿途烧杀掳掠，活埋投降的田荣士兵，抢劫财宝美女，囚禁老弱妇孺，激起百姓们的反抗。齐地的百姓不承认项羽新立的齐王田假，反而拥戴田荣的弟弟田横。田横聚集了几万人马，在城阳高举反抗项羽的大旗，率领百姓拼命抵抗楚军，中原又重启战火。

当项羽焦头烂额的时候，刘邦听从韩信的建议，趁着中原大乱的时候出兵攻击章邯。当章邯听到探子报告说，刘邦的军队在修理栈道，原本还捧腹大笑了一番，因为要修好栈道谈何容易，他可以好整以暇地等待他们。没想到几天之后又有人来报告，说刘邦的军队已经到陈仓了，突如其来的消息让章邯十分错愕。

章邯不敢大意，迅速率领军队到陈仓应战，但没多久就兵败逃跑了，刘邦轻松地占领雍地回到咸阳。刘邦在关中接连获得胜利，继续向东边拓展，司马欣、董翳这些人看到刘邦来势汹汹，不敢抗拒，纷纷投降。很快，刘邦便占据了整个关中地区，项羽最担心的事情发生了。

6. 楚汉战争

　　项羽听到刘邦回到关中的消息后十分惊讶，可是当时他正在攻打齐国，不能立刻回师，就这样给了刘邦可乘之机。刘邦在韩信的策划之下，只花了一个月时间就攻下了整个关中，并率领军队继续往东前进，想趁着项羽攻打齐国的时候，直捣他的老巢彭城。那时刘邦的军队有五十六万人之多，而彭城因项羽率领楚军的主力部队攻打齐国的缘故，内部颇为空虚。也因此，彭城面对刘邦军队的进攻几乎毫无招架之力。汉军将彭城城门冲开，如潮水般拥入，在城内烧杀掳掠，楚军死伤惨重。这时有个机敏的楚兵趁乱逃出彭城，火速通知了项羽这个坏消息。

　　项羽原本打算亲自攻下城阳，借机树立威信，没想到却接到这项紧急情报。项羽当机立断，留下几位将领和少数兵力继续围攻城阳，自己则带领三万精兵火速返回彭城。

这时候的刘邦得意得不得了，他没想到这么简单就攻下彭城，便以为项羽已经山穷水尽了，于是把项羽从咸阳带回来的财宝、美女占为己有，在彭城过着奢华享乐的日子。

不久之后，项羽率领军队回到彭城，迅雷不及掩耳地向汉军发动攻击，沉溺在胜利喜悦中的汉军，几乎没有招架之力，被打得落花流水，四处逃窜。楚军为了报复都城失陷的耻辱和汉军的恶行，对汉军展开无情的追杀。汉军走投无路，被逼到谷水和泗水边，有十多万人被淹死，剩下的人逃到山区内，又遭到楚军的追赶，一直被追到灵璧境内的睢水北岸。这时候，汉军的斗志已经完全瓦解了，楚国的骑兵挥舞大刀长矛，猛砍狂杀，将剩下的十多万汉军全部逼入睢水，淹死的士兵不计其数，多到连睢水都流不动了。

项羽打算把汉军重重包围，再把圈子逐渐缩小，采取围而不击的策略，让刘邦和残余的军队活活困死。就在刘邦几乎无计可施的时候，西北方突然刮起猛烈的大

风，风势越来越猛，狂风折断树枝，吹掉房子的屋顶，在风口上的楚军顿时乱成一团。刘邦趁着混乱的时候，带着十名骑兵突破包围，向西北方逃走，总算侥幸保住了性命。

刘邦在逃亡的路上回到故乡沛县，想带着家人往西边撤退，但是项羽早就先刘邦一步，打算劫持刘邦的家人当人质。刘邦的父亲和妻子儿女听到这个消息之后，连忙举家遁逃。刘邦好不容易在路边发现儿子刘盈和女儿鲁元，把他们载到车上一起逃命。不一会儿，楚军追了上来，情况十分危急，为了减轻重量，让自己的车子跑快一点，刘邦居然三次将儿子和女儿推下车子去，每次都是将领夏侯婴救起这两个孩子。每当夏侯婴救起这两个孩子，总是遭到刘邦的斥责，认为这两个小孩的重量会阻碍他们逃脱，但夏侯婴还是坚持这么做。虽然过程相当惊险，刘邦最后还是在楚兵的追赶下安全逃脱。刘邦的父亲和妻子就没有那么幸运了，他们因为迷失方向，在半路遇到楚军而被俘虏，项羽把两人当作人质拘留在军队中。

彭城之战再次证明了项羽超人的胆识和非凡的军事才

能，同时也大大挫伤了汉军的元气。原本背叛项羽依附刘邦的诸侯们，看到形势不对，又见风转舵投靠楚阵营，战局的变化对项羽十分有利。

几次殊死战总算让项羽看清楚刘邦的为人，更加确定了他们之间势不两立的局面。项羽把握时机稳固后方，积极地储备军力，准备全面向刘邦开战；另一边的刘邦，他唯一的活路就是打败项羽，于是双方展开了一场龙争虎斗。

刘邦率领残兵退守荥阳，打算卷土重来。荥阳位于黄河南边，依山傍水，地势奇特，也是通往关中必经的路口，战略地位十分重要，自古以来就是兵家必争之地。刘邦退到这里之后，打算就地设防，对抗楚军。刘邦明白自己不能继续向西边退去，因为如果楚军攻下荥阳，整个关中就有危险了，所以他趁项羽的主力部队还没打来的时候，将荥阳筑成一道防线。荥阳的西北方有一座敖山，秦代曾在那里建有一个很大的粮仓，叫作敖仓。敖仓是关中最大的粮食存放地，从江淮和山东运来的粮食都储藏在这里，现在成为汉军重要的军粮供应地。为了保住敖仓，刘邦不惜派重兵把守，还在荥阳和敖仓之间修筑一条通道，通道两边有高墙屏障，防止楚军进攻，让军粮可以源源不绝地从敖仓运送到荥阳。

另一方面，项羽听从范增的建议，也派钟离昧率领军队强力进攻这条通道，好断绝汉军的粮食来源。楚军轮流进攻，攻破通道好几个地方，通道一被打破，汉军就马上修复，但是修复之后又立刻被打破。项羽这招果然奏效，让刘邦不敢轻易派兵前往敖仓运粮，以致荥阳城里的粮食越来越缺乏。虽然汉军暂时能抵挡项羽的猛烈攻击，但是，如果粮食缺乏的话那就必败无疑了。考虑到现在正被楚军包围，没地方撤退，想要逃出去，恐怕只剩下讲和这条路了，于是刘邦向项羽提出这样的讲和条件："汉以后绝对不向东进兵，但是荥阳以西的土地划归汉所有。"

项羽认为这样的条件可以接受，虽然表面上刘邦被困在荥阳，兵粮缺乏，十分狼狈，项羽似乎处于优势，但其实，项羽也有他的烦恼，在跟刘邦作战的时候，齐国正逐步地巩固势力，九江的黥布也背叛楚而依附汉，背后的梁也因为彭越不断骚扰的关系，局势很不安定。项羽觉得，目前最应巩固的是楚的周边地带，刘邦的问题还可以缓一缓。但这个想法遭到范增强烈的反对，范增说："对楚来说，最大的敌人就是汉，无论在谁看来都是很清楚的事情。现在汉已经没什么好怕的了，我们只要再坚持一步就能把他们消灭。好不容易把他们逼到这个地步，就要趁机彻底击败他们，如果能够把汉消灭，其他那些不起眼的小角色，可以之后慢慢处理。"项羽听了这些话，觉得很有道理，于是拒绝讲和，继续对荥阳发动更猛烈的攻击。

当刘邦感到进退两难的时候，护军中尉陈平适时给了一个意见。陈平告诉刘邦说："楚还是有弱点可以利用的，项王的臣子最能干的只有范增、钟离昧、龙且、周殷这些人。如果汉王您舍得花钱，我一定能够收买他们，或是挑拨他们的关系，让他们君臣互相猜疑。项羽这个人疑心病很重，容易相信谗言，到时他们一定会发生内讧，互相残杀，我们再趁机攻击，就能获得最后的胜利。"

刘邦听了之后，心想反正也没有其他的方法，干脆死马当活马医，马上给陈平四万两黄金，让陈平用这笔钱作为经费，派许多间谍到楚地散布谣言，说："钟离眜、龙且这些将军，跟随项王立下很大的功劳，却得不到封王，他们很怨恨项羽，暗地里私通刘邦想要消灭项王。"流言在项羽的阵营中传开，项羽不断地听到这样的传闻，再加上他的疑心病本来就很重，不禁开始对臣子猜疑起来，不再像以前那样信任他们了。

不久后，项羽因为有事派遣使者到汉营，自古以来两国交战不杀来使，听到楚的使者要来，陈平就向刘邦献上一计。刘邦先派人摆出最上等的饭菜，采用最尊敬、最隆重的礼节对待项羽的使者，然后出来跟使者见面。等使者开口之后，刘邦故作惊讶地说："什么？不是亚父（范增）派你来的吗？原来你是项王的使者啊？"说完马上下令把豪华的酒席撤走，改换粗糙的饭菜，态度也变得很冷淡。项羽的使者中计了，回去之后将这件事情告诉项羽，项羽果然对范增起了疑心。项羽开始防备范增，千方百计想削减范增的权力，范增劝他急速攻城的时候，项羽偏偏放慢节奏，故意跟他唱反调，还带着怀疑的眼神看着他，心里

想着："怎么办好呢？要不要照做呢？如果照他的话去做，中了圈套的话怎么办呢？"

范增当然听说了阵营中的流言，他跟在项羽身边这么多年，十分了解他的性格，直爽的项羽心中是藏不了事情的，他知道项羽开始怀疑自己，也明白离开的时间到了。于是范增跟项羽说："天下的事大体上已经决定了，往后大王您自己作主就可以了，我的年事已高，已经不能担任职务，请让我辞职回家乡去吧。"没想到项羽连一句挽留的话都没说，马上就批准范增的辞呈，打发他回彭城。范增在返乡的路上闷闷不乐，越想越气愤，越想越伤心，极度悲愤之下，导致背部的毒疮发作，还没回到故乡就病死了。项羽后来终于发现自己中了敌人的反间计，等他想把范增追回来时，却得到范增已经去世的消息，让项羽十分懊悔。

项羽对荥阳的进攻更加猛烈，完全切断了荥阳的补给线，城里的粮食快要吃完，眼看汉军就要撑不下去了。百般无奈之下，汉军将领纪信提出让自己舍身欺骗楚军的计策，打算让刘邦突围脱险。一天晚上，荥阳城门突然大开，从城里跑出来两千多名顶盔披甲的汉军，楚军冲过去一看，原来都是妇女打扮的。这时候又来了一辆天子的车驾，车前打着汉王的旗帜，护卫的人大喊着："城里的粮食已经吃光了，汉王要投降！汉王要投降了！"楚兵听到汉王要投降，高兴得大声欢呼，纷纷离开阵地拥到东门看汉王投降。项羽听说刘邦终于要投降了，高兴得不得了，骑着他的爱马高傲地前去，打算看看刘邦狼狈的样子。结果上前一看，发现车子里面居然不是刘邦，而是刘邦的大将纪信，项羽发现苗头不对，问纪信说："刘邦在哪里？"纪信回答："早就骑马出城走得老远了。"原来，刘邦趁乱，在数十位骑士的保护下由西门逃走了，老奸巨猾的刘邦再次使计脱逃成功。

刘邦逃走之前，命令御史大夫周苛、枞公、魏豹留下来守荥阳城。但是周苛和枞公两人商量，认为魏豹很可能会叛变，如此一来根本无法安心守城，因此合谋把魏豹给杀了。项羽攻下荥阳城之后抓到周苛，对周苛说："如果你当我的将领的话，我可以任命你为上将军，给你三万户的封地。"没想到，周苛反过来骂项羽说："你还是趁早投

降汉吧，不这样的话，很快就会变成汉的俘虏，你这种人不会是汉的对手的。"项羽听了简直是气坏了，于是下令把周苛给煮了，也把枞公杀了。

7. 四面楚歌

　　刘邦逃出荥阳回到关中之后，努力地招收士兵，九江王黥布也投靠到刘邦这边。刘邦一边召见他一边洗脚，让黥布感到很愤慨，后悔自己来投靠这个傲慢无礼的家伙，甚至想要自杀一了百了。但是当黥布回到住处的时候，却大吃一惊，因为他发现，他的帐幕、衣服及日常用品，都跟汉王刘邦使用的一模一样，连饮食和侍卫也跟刘邦相同，他的疑虑才消失，转为感激不已，认为自己可以为了汉王牺牲生命。同时，黥布也偷偷地回到九江，想探望家里的状况，没想到，因为他背叛项羽，项羽便把他的妻子和孩子都杀害了，所有的军队也都收为己有，项羽对待他的方式，跟刘邦天差地别，让他更下定决心要跟随刘邦。

　　刘邦积极地招兵买马之后，派韩信攻击赵和代这两个地方，自己跟黥布两人则向宛和叶这两地进攻。项羽听到刘邦进攻的消息，马上率兵南下，准备和汉军大战一场，但是刘邦却筑起了很高的围墙，努力防守而不出战，项羽也无可奈何。当项羽转战荥阳、宛、叶的时候，彭越的势力也越来越大。项羽心想，楚军后方如果被干扰，粮道断绝，是无法继续打仗的，他决定把攻击刘邦的任务交给部将，自己亲自率领军队讨伐彭越。

项羽打败彭越之后，军队再度转到当时刘邦所在的成皋，并发动猛烈的攻击。刘邦吓得魂不附体，和夏侯婴两人偷偷从成皋北门逃走，渡过黄河，在修武一间不起眼的客栈住了一晚。第二天早上，刘邦伪装成汉王的使者，跑到韩信的阵营中。刘邦取回韩信的印信，亲自升帐召开紧急会议，收回原本拨给韩信的几万士兵，想要利用这些军队与楚兵决战。但郎中郑忠建议刘邦，不要急着打仗，先让敌人疲于奔命，这一招果然奏效，刘邦顺利地击败楚军，占领十几座城池，还侵入了楚的粮食补给线，重新夺回成皋。刘邦打算以成皋北方的广武作为打败项羽的根据地。

项羽听到成皋被刘邦占领的消息之后，急忙回到成皋，想与刘邦一决高下，但是刘邦因为从敖仓得到粮食的补给，所以摆出一副准备要打持久战的样子，怎么都不肯出战。就这样，在广武这个地方，刘邦、项羽两方的军队谁也不敢轻举妄动，各自把握时机修筑防御工事，分别在广武山上筑起东、西二城。东城是楚兵所有，称为霸王城；西城是汉军所有，称为汉王城，两城中间有一条宽约三百米的大沟相隔。直到现在，汉王城和霸王城这两座历史遗迹，还在广武山上遥遥相对呢！

楚汉两军足足僵持了十一个月之久，这对个性急躁的项羽来说，每一天都是煎熬。他对战情的胶着感到非常烦躁，认为必须快点跟刘邦有个了结。某一天，项羽把一直扣押在军营中的刘邦父亲拉到汉军阵前，将他架在一个很大的砧板上，大声对刘邦说："你如果不投降的话，我就把你的父亲煮了。"没想到刘邦居然回答说："我们当初都受到楚怀王的重用，结拜成兄弟一起奋斗，我的父亲也就是你的父亲，如果一定要煮你的父亲，那我还希望你分我一杯羹哩。"

刘邦这种无赖的口吻，更激起项羽心头的怒火，转身

就想杀了刘邦的父亲。但是他的叔父项伯劝他说:"天下的形势还没有定局,以后会怎样还不知道呢,有志于天下的人是不会记挂家里人的。你杀了他的父亲又有什么用呢?不过是增加他的仇恨而已,还不如暂时把他关进军营,日后也许会有用处。"项羽没办法,只好听项伯的话,暂时放过刘邦的父亲。

项羽用尽各种方法激战,刘邦就是不为所动,让项羽更是焦躁不安。眼看士兵们越来越疲劳,粮食也越来越缺乏,项羽不忍心看到部下再这样吃苦,于是转而提出跟刘邦单挑的建议。项羽再度来到汉军的阵营前,对刘邦喊话说:"这几年天下战争不断,都是因为我们两个人的缘故。怎么样?要不要跟我面对面一较长短,一决胜负?不要再让天下的百姓受苦了。"刘邦站在城墙上,听了之后哈哈大笑说:"傻小子,要沉住气啊!别说得那么好听,我刘邦不能跟你一般见识,我只斗智,不斗力。"

项羽听了很生气,派出几个猛将到汉王城下方叫阵,刘邦暗中在城墙上埋伏一个神射手,把项羽连续派出的三名壮士都射死了。项羽一气之下,干脆自己披上盔甲拿着兵器出营挑战。那个神射手原本正在瞄准项羽，却听到项羽一声怒吼，吓得浑身发抖，无法射箭，逃进城墙内不敢出来了。刘邦大吃一惊，没看清城外叫阵的人是谁，就派人暗中打听，后来知道原来是项羽亲自出马，惊吓之余，也十分佩服项羽的勇猛。

项羽再度逼近汉军的阵地，跟刘邦约在广武涧对话。广武涧就在广武山上，中间有条深谷相隔，两岸相距只有三百步左右。只见刘邦忽然高声数落项羽的十大罪状，他说："我当初跟你一起接受怀王的命令，声明先平定关中的人就可以当关中王，可是你不听怀王的命令，破坏盟约，把我赶到蜀汉，不仁不义，这是第一条罪状。你假托怀王命令杀掉宋义，自封为上将军，心狠手辣，这是第二条罪状。你奉命领军援救赵国，击退秦军后应该回去向怀王报告，没想到却擅自胁持诸侯进关，目无王法，这是第三条罪状。怀王要我们进入关中之后不许烧杀掳掠，你一到咸阳就焚烧秦宫室，挖掘始皇坟墓，盗取财物，连强盗都不如，这是第四条罪状。你毫无理由地杀掉投降的秦王子婴，心肠歹毒，这是第五条罪状。"

刘邦大气不喘地又接着说："你在新安坑杀二十万投降的秦兵，惨无人道，这是第六条罪状。你分封诸侯不公，好的地方都封给亲信，原来的诸侯都被赶走，故意挑起争端，这是第七条罪状。你贪心不足，杀了韩王成，驱逐义帝，自己霸占大部分的土地，这是第八条罪状。你派人在江南暗杀义帝，这是第九条罪状。你身为臣子却杀死自己的主子，还杀已经投降的人，不守信用，大逆不道，天下人都不能忍受这种行为，这是第十条罪状。我高举正义的旗子，会同诸侯军讨伐乱臣贼子，你的末日已经到了！"刘邦振振有词，把项羽骂得一无是处，项羽听完之后，怒火中烧，立刻拉开弓箭，一箭射中刘邦的胸部。

刘邦伤得很重，但他怕军心动摇，急中生智，连忙弯身捏住脚趾，大叫说："这个逆贼射中我的脚趾了！"然后迅速骑马回到营区。为了安定士兵的情绪，刘邦还接受张良的建议，勉强支撑身体出来慰问将领士卒。他回到成皋之后，一面养伤，一面计划接下来的攻守策略。刘邦进一步巩固后方，博得民心，他下令抚恤将士，凡是不幸阵亡或是病死的将士，他都派官员举行隆重的葬礼，并派人亲

自将遗体送回将士家里。因为这样，汉军内部更加团结，刘邦很快又率领新募来的士兵回到荥阳作战。

项羽率领大军在荥阳一带与刘邦对峙将近一年半，将士们远离家园，疲劳厌战。最让项羽头痛的问题是粮食严重缺乏，后方根据地连年吃紧，也让项羽心力交瘁。韩信平定齐国之后，严重威胁到楚都彭城。彭越、刘贾、卢绾等人率领军队攻城掠地，截断粮道，破坏军资，把楚军搞得狼狈不堪。刘邦这边则是因为有敖仓供应粮食，离关中较近，外援充足。两军比较起来，楚军已明显处于劣势。

这段时间，刘邦的妻子吕雉和父亲刘太公仍然被扣押在项羽的军中，刘邦派人前去请求项羽放还。项羽告诉刘邦的使者，只要刘邦愿意和谈，他就释放刘邦的父亲和妻子。刘邦于是派人跟项羽谈判，最后双方约定以鸿沟为界，鸿沟以东为项羽的西楚国，鸿沟以西为刘邦的汉国，这是一个二分天下的方案。

项羽本来不肯答应这个条件，但是使者告诉他，汉军这边的人力、物力源源不绝，将领韩信也不是项羽能够轻易应付的人物。在使者的劝说之下，项羽只好答应了。项羽心想，先把眼前的问题解决了，以后的事情以后再考虑吧。所以最后他同意讲和，并送回了刘邦的父亲和妻子。

和谈成功之后，项羽率兵退回东边，刘邦也打算带着他的家人撤回关中。没想到张良和陈平却不同意刘邦这么做，他们对刘邦说："我们已经有了一半的天下，诸侯都倒向我们这边，楚军现在兵疲民困，粮食缺乏，正是灭楚的好机会，不趁这个机会把天下夺过来，反而放项羽回去的话，简直就是纵虎归山，后患无穷啊！"

张良和陈平成功说服了刘邦，于是刘邦背叛盟约，发兵追击正往东边撤退的项羽。刘邦一面指挥荥阳的汉军追击往东撤退的楚军，一面命令被封为齐王的韩信和被封为建成侯的彭越出兵助阵。可是当刘邦的军队越过鸿沟的时候，韩信和彭越的军队却按兵不动，没有对楚军发动攻击。与此同时，项羽和他的军队发现刘邦居然出尔反尔，个个都很愤慨，在项羽的指挥下迅速反扑，给刘邦来了一记回马枪，把汉军打得落花流水。

原来韩信和彭越不出兵，是对刘邦只封他们爵位，却没有得到实际的封地感到不满。刘邦知道之后虽然很气愤，但现在正是用兵的重要时机，这两人根本得罪不得，尽管心有不甘，但也只能听从张良的建议，答应与他们共分天下。刘邦派使者传令给韩信和彭越，声明："消灭项羽之后，陈以东到海边都给韩信，睢阳以北至谷城都给彭越。"这一招果然有用，韩信和彭越两人接到命令之后，迅速发兵与刘邦的军队会合，统一行动，对项羽展开猛烈的攻击。

刘邦为了彻底置项羽于死地，刚到固陵不久，就派堂兄刘贾带领部队渡过淮河，深入西楚后方与黥布取得联系，联合围攻寿春。刘贾和黥布会合之后，派人招降西楚镇守淮南的指挥官周殷。周殷与黥布的军队会合之后，跟着刘贾和彭越的部队袭击项羽，掐断了项羽南边的退路，西边、北边则是有刘邦和韩信军队的逼近。项羽人单势孤，又是在撤军途中毫无防备的情况下遭到偷袭，只好步步退让，一直退到垓下这个地方。

这时候已经是严冬，天寒地冻，楚军的粮食、物资极端缺乏，士气低落，几乎是每战必败，项羽没有办法突破困境，只好守在营区里按兵不动。一天夜里，突然从远方传来一种声音，这种声音由远到近，最后四面八方都响起了这种声音。楚军的将士们仔细一听，原来是他们家乡楚地流行的歌谣，他们已经很久没有听到了。听着听着，楚军营内一片的抽泣声，士兵们越听就越想念家乡，也越来越无心打仗，有几个胆大的士兵率先往东南方跑去，接着一批接着一批地逃散，楚军的军力急速瓦解。

项羽原本已经累得睡着了，他的爱妾虞姬被歌声惊醒，仔细听了一会儿，领会了歌词的大意。她撩起营帐的布帘往外一看，发现士兵陆陆续续地逃散。虞姬感到事态严重，便把身旁的项羽摇醒，项羽听到这些歌声大吃一惊，追问虞姬："哪来的楚歌？难道汉军已经把楚国全部占领了吗？"项羽被歌声搞得心浮气躁，迟迟无法入睡，只能在军帐里喝闷酒。面对他宠爱的虞姬和长久以来与他一块儿驰骋沙场的爱马，心中百感交集。项羽默默地站起来，感慨悲伤地唱起一首歌："力拔山兮气盖世，时不利兮骓不逝。骓不逝兮可奈何！虞兮虞兮奈若何？"项羽反复唱了好几遍，直到声音哽咽，再也唱不下去为止。

虞姬见项羽心事重重，感到很不忍心，她知道项羽舍

不得丢下自己突破重围。她不愿意变成项羽的负担，于是也和歌唱道："汉兵已掠地，四面楚歌声。大王意气尽，贱妾何聊生？"正当项羽对虞姬歌词的内容感到震惊的时候，只见虞姬转过身，顺手摘下挂在军帐上的宝剑刎向颈子，鲜血当场喷了出来。她用自刎表明了对项羽的支持。悲伤的项羽抱住虞姬的尸体大哭，这是他有生以来头一次哭得这么伤心，站在军帐外的将士看到这个情景，也都难过得痛哭流涕。

哀恸不已的项羽，强忍悲伤的情绪，就地掩埋虞姬的尸体之后，决定趁夜突围，争取一线生机。他带着剩下的八百名亲兵，乘着大雾悄悄潜出营地，从东南方冲出防线，用一匹来自江东的老马带路，顺利地在黎明之前来到通往江东的大道。

如果楚营中留下的人晚一点投降，或许项羽的军队就能跑得更远一点，但是这些人怕汉军发动攻击，天刚亮就派人举了白旗，因此刘邦很快就知道项羽逃走的消息了。"你们都是饭桶！"刘邦气得破口大骂，"六十万大军重重包围，你们竟让这头猛虎跑掉了！"刘邦命令灌婴率领精兵迅速追击，并且下令说："只要拿到项羽人头的人，我就赏他千金，还封他当一万户人家领地的诸侯！"

就这样，项羽带着八百名精兵在前奔逃，灌婴带着一万名骑兵在后面追赶，除了短暂用餐、休息之外，日夜都在赶路。项羽骑的乌骓马脚程快，如果他只顾着自己逃命的话，汉兵是怎么追也追不到的。但是项羽并没有这样做，他带着自己的亲兵一起逃，这八百坐骑有快有慢，一起行动，速度就慢了很多，最后终于在淮水边被汉军追上了。项羽主动反击，斩杀汉兵三千多人，吓得汉军连退了十几里，灌婴虽斩杀了几个逃跑的校尉，还是控制不了汉军的逃窜。

项羽杀出重围之后拼命赶路，渡过淮水之后，回头一看，发现身后的队伍只剩下百余骑了，当项羽骑马站在淮水边等部将过河时，心中不禁感慨万千。八年前，叔叔项梁和他率领八千个江东子弟渡过淮水的时候，是多么的意气风发，大家满怀壮志理想，如今再渡过淮水，却只剩一百多名残兵败将了。

渡过淮水后，汉兵很快又追了上来，项羽再度转身攻

击，这次灌婴学乖了，他明白垂死挣扎的猛虎比平日更凶猛百倍，犯不着与他硬拼。战场上有条不成文的规矩，两军交战时，总是兵对兵，将对将；换句话说，他要面对的是对方的主将项羽，但是要灌婴迎战这头做困兽之斗的猛虎，他还真是无计可施，因为项羽的骁勇善战是众所皆知的。灌婴于是想到一个妙计，他们紧跟着项羽，等项羽一回头攻击，他们就自动离得远远的，有时找到空隙也杀他几名部下，这样就不用和项羽正面对决了。

当项羽的部队逃到阴陵的时候，迷失了方向，不得已只好派一名骑兵向一个农夫问路。也许是这个小伙子说话口气凶了点，也许是那个老农夫听不懂他的话，只见那农夫随手一指说："向左走。"没想到往左走之后不久，一群人就陷入沼泽之中迷了路，绕了一大圈子走到东城的时候，只剩下连项羽在内共二十九骑的人了。

这时候，数千骑的汉军已经追了上来，项羽知道逃不掉了，决定跟汉军决一死战。项羽慷慨激昂地对身边的二十八名骑兵说："我起兵到现在已经八年了，打过七十多场战役，从来没有打过败仗，因为这样，我做了天下的霸王。想不到今天竟然被困在这里，这是天要灭亡我，并不是因为我仗打得不好啊！今天我决心战死，但还愿意为你们跟敌人痛痛快快地打一场仗，一定要三次取胜，斩杀汉将让你们突围。这样，你们就可以知道是天要亡我，不是我不会打仗的缘故。"就这样，项羽把二十八名骑兵分为四队，面向四方，汉军则把他们层层包围起来。

项羽对他的骑兵说："看我给你们斩一个敌将！"随即下令四队人马杀下去，约好冲到山的东面之后分三处集合。只听到项羽大喊一声，接着就率先杀入敌阵，汉军吓得四处逃窜，项羽果然杀了一名汉将。有个汉将叫作杨喜，看到项羽单枪匹马来破阵，心想可以把项羽俘虏，趁机立个大功，于是从后面追了上去。没想到项羽一回头睁大眼睛瞪着他，杨喜居然吓破了胆，连马也受到惊吓，一下子就逃到几里外的地方去了。

项羽他们按照事先约定好的，在山的东侧会合，分成三队，汉军不知道项羽在哪一队，没有办法，也把军队分成三队，每队包围楚军一队。项羽又再度冲入敌阵，斩杀士兵数百人。当项羽的精兵再度会合的时候，项羽检点人

马，只损失了两人而已。"看到了吧？"项羽对着周围的骑兵们说着。骑兵们对项羽佩服得五体投地，异口同声地说："就跟大王说的一样，您真不愧是盖世英雄！"

项羽带领着二十六名骑兵再度突围，向东南方后退到长江的一条支流乌江，打算从这里南渡，回到江东，东山再起。当他来到河边时，乌江的亭长已经准备好船只在那里等着。他对项羽说："自古胜败乃是兵家常事，大王何必忧伤呢？江东地区虽然不大，但是方圆千里，百姓几十万，可以称王了。现在这附近就只有我这艘船，请大王快点上船吧！等我送您过江之后，汉军就没办法追过来了。"

项羽本来还想渡江回到江东，虽然很难马上卷土重来，至少可以保住性命，但在听到这些话之后，面对滚滚的大江，想逃的念头突然消失了。项羽凄惨地笑道："老天爷要灭我，我还渡江做什么呢？当初我带领江东子弟八千人一起渡江西进，如今没有一个人生还，纵使江东父老可怜我，让我称王，可是我还有什么脸见他们呢？即使他们嘴上不说，难道我不感到羞耻吗？"项羽拒绝了亭

长的好意，拉着他的爱马跟亭长说："这匹马我已经骑了五年了，所向披靡，一天可以跑上一千里，我不忍心杀掉它。我知道你是一个忠厚的长者，我把我的爱马送给你吧！"

项羽指挥剩下的二十六名骑兵通通下马步行，手持短剑与汉军决斗，他们此刻已经把生死抛到脑后，心中只有仇恨，只有怒火。二十几名将士杀了近千个敌人，项羽本人就杀了几百人，自己身上也受了十多处伤。

在乱阵中，项羽远远地看见冲上来的汉军将领吕马童，大声地说："你不是我的老朋友吗？"吕马童仔细一看，认出了项羽，指着项羽对另一名汉将王翳说："他就是项羽。"项羽说："我就是项羽没错！我听说刘邦悬赏千金和封邑万户来买我的项上人头，今天我就成全你们。"话一说完，项羽对着滔滔的乌江拔剑自刎而死，结束了他悲壮的一生。那一年，他不过只有三十一岁。

就在项羽拔剑自尽的时候，汉军还在往后退，就怕项羽冲过来。他们一看到项羽倒下，就又一窝蜂地冲向项羽的尸体。王翳砍下项羽的头颅，其余的骑兵开始抢项羽的

身体，以求领功受赏。他们互相践踏，互相残杀，竟有几十人在这场争夺中丧生。最后，郎中骑杨喜，骑司马吕马童，郎中吕胜和杨武四人各砍下项羽的四肢，回去向刘邦请功。王翳和这四人将项羽的肢体拼凑在一起，证明的确是项羽，因此，刘邦将最初许诺的万户邑分成五份，每人各得两千户，一律封爵。

项羽的死等同于西楚的灭亡，楚地百姓群龙无首，纷纷投降，只有鲁城的居民一直抵抗，让刘邦非常恼火，指挥大军准备血洗全城。但是当刘邦的军队攻到城下的时候，城内不时地传来琅琅的读书声和悠闲的乐声，让刘邦十分感动，钦佩他们不愧为礼仪之邦，也赞许他们为主人死守礼节的气概。于是刘邦改变初衷，派人把项羽的头颅拿出来展示，鲁城的居民确定项羽已经死亡，才向刘邦投降。当初楚怀王在世的时候，曾经封项羽为鲁公，后来刘邦便以鲁公的礼制将项羽埋葬在谷城，并由刘邦本人亲自送葬。

历时四年之久的楚汉相争终于宣告落幕。

这场争斗最后的胜利落在平民出身的刘邦手里，当刘邦建立汉朝，君临天下的时候，他记取秦朝灭亡与项羽失败的教训，制定了新的统治政策，改善了人民的生活，成就了后来的大汉盛世。

后　记

　　看完项羽的故事，你有什么感想呢？是为项羽的失败惋惜，还是为刘邦的成功喝彩？不管如何，这是一个发人深省的故事。

　　宋代有个很有才气的女词人叫作李清照，她写过一首诗："生当作人杰，死亦为鬼雄。至今思项羽，不肯过江东。"这是她对项羽慷慨悲壮的死献上的最贴切的悲歌。项羽是个豪气盖世、叱咤风云的人物，陈胜、吴广的起义爆发之后，当时才二十多岁的项羽，跟着叔父项梁起兵响应，东征西讨；当陈胜、项梁先后战死，义军处于危难关头时，项羽不气馁、不妥协，始终以无比的气魄和信心，与秦军作殊死的战斗。项羽在巨鹿之战中，以无比的雄心和勇气奋力前进，破釜沉舟，率领义军与秦军进行激烈的战斗，也间接帮助了刘邦攻进咸阳推翻秦朝，十足表现出他的英雄气概和非凡的军事才能。即使后来被汉军三路追击，受困在垓下，项羽也不坐困愁城，反而一马当先突破重围，为扭转形势奋斗到最后一刻，最后虽然有机会渡江活命，也因为"无颜面对江东父老"，不愿意苟延残喘，而选择勇敢地结束生命。

项羽和刘邦两人比起来，大多数人还是比较喜欢项羽，可能是因为在垓下之战的时候，项羽唱着"虞兮虞兮奈若何"的悲壮歌声与爱姬生离死别，以及他的壮烈牺牲，留给世人深刻的印象，让项羽成为一个极具戏剧性的悲剧英雄，很多人都为他的壮志未酬慨叹。刘邦就不一样了，他的个性较为无赖，很多次危急的时候，都是靠着厚颜无耻的无赖功夫，才得以脱困；就算在得到天下之后，还杀死功臣韩信、彭越、黥布等，普遍被认为是个无情无义的主子，自然比较不受欢迎。

但是，光是用感情是不能评价历史的，我们还要仔细深思，才能从"楚汉相争"这段历史中得到教训。

在领兵打仗这方面，项羽是很有本事的，就像他自己所说的，打过七十几场战役，从来就没有输过；相较之下，老是打败仗，一输就逃跑的刘邦，还真是比不上呢！但是，在一场又一场的战争中，无论项羽怎样骁勇善战，得到的只是局部的胜利，就像韩信所说，他不过是"匹夫之勇"罢了。项羽最致命的缺点，在于没有具备认清大局的眼光，对自己过于自信，总认为战场上没有人能跟他相比，因为这样，他听不进别人的意见，也不考虑别人的心情，甚至到最后都没有觉醒。垓下之战的时候，他还对部将们说自己的失败是"天亡我也，非战之罪也"，说他的失败是上天要灭他，不是他不会战斗的缘故。司马迁在《项羽本纪》后的评论中写道："项羽到最后关头了居然还不觉悟，说是'上天要灭我，不是我不会战斗的缘故'，不是很荒谬吗？"可见中国历史上最伟大的史学家，也很不欣赏项羽到死都还不能觉悟的缺点呢！

想逐鹿天下，不是只要会打仗就够了，更重要的是如何得到民心，这一点项羽是失败的。他老是沉醉在战争的胜利中，还放任部属残忍地坑杀降兵，才会让人民大失所望。刘邦进入咸阳的时候，不管是真情还是假意，他对皇宫的财宝分文未取，还跟百姓"约法三章"以收揽民心；反观项羽，却随心所欲地掠夺和破坏，一点都不重视咸阳在政治和军事上的重要性，还说如果富贵了却不能回家，就像是穿着漂亮的衣服走夜路一样，不会有人看见。从这里我们就可以看出，项羽的眼光实在是非常短浅，如果当时项羽能在咸阳建立基础，让关中成为他的大本营，刘邦是不会有机会出头的。

另一方面，项羽的军队虽然战绩辉煌，但是纪律败坏，所到之处无不破坏殆尽，这是一个致命的缺点。在新安，项羽坑杀秦降将二十万人；进入关中之后，又放火焚烧秦朝的宫殿，大火足足烧了三个月；在齐国，他纵兵烧杀掳掠，无所不为。历时七年的战争中，项羽不止一次用屠城的方式报复守城军民，很多无辜的百姓因而惨遭杀害，这种残暴野蛮的行为，跟秦始皇相比有什么不同呢？项羽虽然在战场上得到许多胜利，但是却输掉了最可贵的民心。

当然，你或许会说，如果在鸿门宴的时候，项羽能够听从范增的话杀掉刘邦，历史就可能会改写。这些都只是如果而已，历史是不可能重来的，很多事情在抉择的时候，就注定了以后的发展，因此，我们在做决定的时候，一定要谨慎小心，这是我们必须切记的。项羽擅长打仗，但是战争以外的事情，总让人觉得十分幼稚无知，他刚愎自用，听不进别人的建议，使他在许多重大决策上一再失误。鸿门宴的时候没有当机立断杀掉刘邦，就是他人生中最致命的错误。

项羽看起来像是个英雄人物，但是缺乏判断能力，连唯一的智囊范增也不能充分利用，张良、韩信、陈平等人曾经投入他的麾下，但他却没发挥他们的长处，这些人后来都为刘邦效力，反过来成为消灭他的力量。还记得当两军在广武对峙时，沉不住气的项羽要求与刘邦单挑，当时刘邦怎么说吗？他回应项羽说："我宁可跟你斗智，也不要跟你斗力。"最后，果然是坚持斗智的刘邦战胜了只会斗力的项羽，只知逞血气之勇的武夫最后只能长眠谷城，留下永远的遗憾。从这点来看，我们就会知道，不是天要灭亡项羽，而是项羽的盲目自大让他灭掉了自己。

项羽的故事，给你什么反省呢？你想当个空有能力却缺乏眼光和谋略的人，还是能力有限，却能虚心接受建议的人？楚汉相争的结局，就给了我们最好的答案。

项羽小档案

前232年 出生在下相，家族世代显赫，祖父为楚国名将项燕。项羽生来与舜帝一样是"重瞳子"，被祖父寄予厚望。

前223年 秦灭楚。祖父在与秦将王翦的战斗中为国捐躯，叔父项梁带着项羽到处避难，誓言报仇雪恨。年少的项羽对学书学剑不感兴趣，改向叔父学万人敌的兵法。

前210年 看到秦始皇出巡的盛大队伍时，脱口而出说："彼可取而代也！"

前209年 加入反秦的行列，不到两年便成为各路义军的实质领袖。

前208年 项梁轻敌被杀，反秦势力受挫。当赵王在巨鹿被秦将章邯重重围困，各路救援的诸侯都裹足不前时，项羽一马当先，带领楚军以"破釜沉舟"的决心打败秦军，名震诸侯。

前206年 秦朝灭亡。刘邦与咸阳百姓约法三章，一切如常。同年，项羽自立为西楚霸王，并借口杀了义帝。刘邦暂时忍受屈辱，退居巴蜀汉中，后占领关中，积极准备东进。与刘邦展开为期四年的楚汉相争，双方从多次拉锯到项羽一路败逃，最后刘邦得到天下，成为历史上第一个平民皇帝。

前202年 因无颜见江东父老而自刎于乌江畔。